Du même auteur :

*Kévin et moi*
*Les Apaches*
*Cœur Noir (les runes du chaos)*
*Le doux chant des oyats*
*Éphémère(s) (à paraître)*

**Texte intégral**

**À partir de 16 ans.**

**Avertissement :** *certaines de ces **nouvelles** peuvent heurter la sensibilité des lecteurs.*

Julien Lenoir

# PRISON

# DE

# TOILE

*10 nouvelles*

*sur les dangers*

*de la*

*cyberdépendance*

*Indie-Gênes*

*Un grand merci à :*

Betty, Renaud, Valérie, Brigitte,

Pamela, Sébastien, Alexandra, Karine,

Prodigal, Jé, Claranoushka, Gali, Brice,

Georgia, Séverine, Ines.

*Et toutes les personnes qui ont participé à l'élaboration de cet ouvrage.*

## Sommaire

# 1

# François

*La Manneporte*

*« Ce qui devait nous combler creuse en nous un vide infini. »*

Jean Grenier

Tortueux, le sentier serpente devant nous, grimpant jusqu'au sommet. C'est un étroit sentier de terre à flanc de falaise. Il y a ce vide hypnotique à notre droite, et rien ne nous sépare véritablement de lui, si ce n'est quelques touffes herbeuses clairsemées formant une fragile bordure naturelle. Après une dizaine de minutes de marche, nous dépassons un premier panneau d'avertissement bleu, accroché à même la roche par quatre vieux clous rouillés.

*Promenade dangereuse.*

*En haut et en bas des falaises.*

*Restez sur les sentiers.*

En bas du panneau est noté en plus petit :

*La ville d'Étretat décline toute responsabilité en cas d'accidents.*

— Aïe ! pépie mon petit garçon de sa minuscule voix nasillarde.

À la vue de l'avertissement, je venais, sans le vouloir, de lui écraser la main au creux de la mienne, dans un réflexe protecteur instinctif. Ce vide omniprésent, m'impressionne par sa proximité. En contrebas, comme un puissant rouleau compresseur, le bruit des vagues me parvient. Leurs voix ressemblent au grondement du tonnerre.

Mon fils a les yeux écarquillés. Il regarde le ciel surplomber la mer avec contemplation. Même sous la bruine, le paysage est magnifique. Il possède en lui quelque chose d'intemporel que je ne saurai expliquer.

Parfois, mon petit garçon essaie de s'écarter du sentier, comme s'il était attiré par le vide.

Je le tire immédiatement de mon côté, le ramenant vers moi. Puissante, ma main protectrice étreint la sienne. Il faut dire que je ne suis pas vraiment rassuré par les lieux, malgré leur beauté évidente.

À presque trois ans, Jules a-t-il pleinement conscience du danger tout proche ? À la simple pensée qu'il vienne à tomber, je serre de nouveau sa main menue d'une poigne d'étau, sentant ses os fragiles s'enfoncer au creux de ma paume.

Devant nous, à quelques mètres en amont, Élodie, mon épouse, avance plutôt rapidement. Elle chemine le long de la falaise d'un pas sûr et décidé. Ses cheveux noirs ondulent dans le vent comme de longs tentacules animés.

— Tu veux aller jusqu'où ? je lui lance, la voix quelque peu masquée par les bourrasques.

Elle se retourne et me regarde avec curiosité. Sa silhouette fine se dessine devant le ciel gris anthracite.

— Je t'ai déjà dit que je devais faire une photo à la Manneporte[1] pour mon partenariat, me répond-elle, froidement. On est bientôt arrivés.

Je grogne intérieurement, sans qu'un seul mot ne sorte de ma bouche. Ce qu'elle peut m'agacer avec ses maudits partenariats ! Ses followers. Son Instagram… Sa communauté…

On dirait qu'il n'y a que cela qui compte !

Comment aurais-je pu me douter en me mariant avec elle, qu'à peine un an plus tard, cette jeune femme que je connaissais si bien, à l'air naïf et fragile, allait exploser sur le net, au point de devenir une des plus grandes influenceuse sports aventures au monde…

Rien ne pouvait présager un tel succès.

Au quotidien, ses réseaux sociaux empoisonnent notre vie de couple. Plus encore depuis le jour où elle a reçu sa fichue certification. Ce badge bleu clair qui transforme votre compte en « *officiel* » et vous apporte de la crédibilité.

Grâce à ce symbole, ma femme est passée de l'ombre à la lumière. La célébrité lui a souri. Toutefois, sans s'en rendre compte, en même temps que sa côte de

---

[1] La plus imposante falaise d'Étretat

popularité grimpait, Élodie est peu à peu devenue esclave de sa propre apparence. Esclave de ses partenaires. Esclave de sa rémunération. Esclave d'internet.

Et moi, sans forcément le voir venir, je suis devenu le sien, d'esclave. Car parlons franchement, je n'ai pas mon mot à dire, c'est exclusivement elle qui commande.

Élodie ordonne, j'exécute.

Je sature, j'en ai ras le bol. Pourtant je ne fais rien pour que cela change. Par lâcheté, je stagne au cœur de ce fonctionnement à sens unique.

Quand j'y pense… Ma passivité est tellement paradoxale…

Avec Élo, nous avons notre lot de disputes et de prises de têtes, comme tous les couples, cependant, cela se termine toujours de la même façon : je me retrouve à baisser le museau et courber l'échine, car je flippe rien qu'à l'idée de devoir la quitter.

Là où je suis fautif, c'est que je n'ai jamais osé lui en parler. Lui avouer que tout cela ne me correspond pas. Si je suis encore avec elle, à subir ses caprices, ce train de vie déroutant, c'est avant tout pour préserver notre fils.

Je pense à son avenir.

Notre si bel enfant que l'on a voulu à deux, et que j'aime plus que tout. C'est lui et seulement lui qui rend mon calvaire un peu plus supportable. C'est essentiellement pour Jules que je reste.

Ma peur de le perdre dépasse de très loin ma volonté de séparation.

Cette visite des falaises d'Étretat m'ouvre les yeux sur l'inconscience de ma femme.

Jules n'a rien à faire là.

J'ai pourtant essayé de la convaincre, mais elle n'en a fait qu'à sa tête, comme à son habitude.

Puisqu'Élodie vit exclusivement au rythme de sa communauté, chaque sortie doit être organisée, planifiée, chronométrée. Bien sûr, grâce à son statut d'influenceuse, nous pouvons aller partout où nous avons envie... Les voyages, les activités, le farniente dans les îles, aux frais de la princesse, ce n'est certes pas négligeable.

Je suis conscient que beaucoup de gens aimeraient avoir notre train de vie. Être payés pour voyager. Parcourir le monde. Découvrir des cultures, des continents. La réalité est toute autre. La plupart du temps, nous ne nous quittons jamais les hôtels dans lesquels nous sommes hébergés... Nos journées se ressemblent toutes. L'envers du décor n'est pas vraiment reluisant.

Nous nous débrouillons toujours pour filmer tout ce que ses partenariats lui demandent très rapidement afin d'être tranquilles par la suite. Sur quinze jours de vacances, nous travaillons que deux… Le reste du temps, nous nous ennuyons et nous disputons.

Voilà la magie d'internet… La vie de rêve n'est qu'une illusion, un mirage, un mensonge.

Du moins la nôtre.

Le strass, les paillettes, la notoriété, tout cela ne m'intéresse pas. J'aime le calme, les voyages à la « roots[2] », la simplicité. Je me suis surtout rendu compte que Jules est bien trop petit pour qu'on le trimballe partout avec nous. Parfois, on dirait qu'il est un poids pour mon épouse. Elle n'est pas vraiment libre de ses mouvements… Comme aujourd'hui par exemple… Si elle est devant nous depuis tout à l'heure, c'est simplement parce que madame estime que nous n'avançons pas assez vite à son goût… Jules est encore un enfant… Elle ne pourra rien faire contre cela… Il ne va pas grandir soudainement juste pour ne pas contrarier sa mère…

C'est pourquoi, en arpentant ce sentier, je réfléchis beaucoup. Je dois absolument avoir une discussion avec elle et ce dès notre retour sur Paris.

---

[2] Se dit d'une personne qui vit simplement, sans complexe, de façon naturelle (proche de la nature), ou au jour le jour (sans se prendre la tête)

Une pause est, je pense, primordiale, si nous voulons encore avoir une chance tous les deux. Je n'en peux plus de cette situation. Non seulement je suis frustré de vivre dans cet environnement, mais je ne veux pas que notre fils grandisse dans cet univers falsifié, où tout est si artificiel. Où l'on ne vit que pour faire semblant. Quelle image lui renvoie-t-on ? Lui qui apprend, se construit selon nos exemples ?

Une violente bourrasque soulevant des gouttelettes iodées me fouette le visage, me remettant également les idées en place. La pluie redouble d'intensité.

Elle est cinglante et glacée.

—Attends, je vais te mettre ta capuche, je dis doucement à mon fils.

Sans lui lâcher la main, je m'agenouille face à lui et recouvre sa petite tête fragile. Il a froid. Il grelotte. Le vent glacial rend ses grands yeux verts étincelants de larmes.

D'un seul coup, Jules pointe du doigt le bord de la falaise.

—Maman tombée, me dit-il calmement, tout en fixant l'horizon.

Paniqué, je me retourne immédiatement. Mon épouse progresse toujours devant nous au beau milieu du sentier, loin du bord.

En aucun cas elle ne risque de tomber. Je ne comprends pas le sens de ses mots.

— Mais non maman ne va pas tomber ne t'inquiète pas, je lui souffle tendrement pour le rassurer.

En prononçant cette phrase, je me rassure également. Un frisson de peur me parcourt.

— Papa tombé, recommence-t-il, droit dans les yeux.

Il sourit étrangement. Ses lèvres tremblotent. Elles sont violacées. Touché, j'ai de la peine pour lui. Qu'est-ce que Jules fait ici avec nous ?

Quels parents indignes ramènent leur enfant sur ces falaises par ce temps effroyable ?

Mon fils lève son regard vers moi. L'expression de son visage me terrifie. Il a le teint blafard. Sa peau est d'une blancheur maladive.

Perturbé par son état, j'appelle immédiatement ma femme.

— Élo ! Viens on rentre, j'ai un mauvais pressentiment.

Téléphone à la main, elle s'immobilise de nouveau au milieu du sentier. Rien qu'à son expression, je vois qu'elle s'apprête à maugréer.

J'ai appris par cœur à la connaître, anticiper ses réactions, les interpréter…

Là, elle fulmine, je le sais.

— Arr…on ne…rien…

Brouillées par le vent, je ne distingue d'ici que des bribes de mots. Nous nous rapprochons d'elle.

— Tu n'as pas entendu ce que Jules vient de dire… Il a dit : maman tombée, papa tombé.

Moqueuse, Élodie se met à glousser. Mes propos semblent visiblement l'amuser. Elle prend un ton hautain et moraliste.

— Et alors ? C'est un gosse… Il n'a même pas trois ans François. À son âge c'est normal d'avoir de l'imagination…

Quel toupet ! Sa réponse me stupéfie. Que peut-elle donc bien savoir de la normalité ? Elle qui n'est mère que par intermittence. Elle qui a su, enceinte, se montrer sur internet, le ventre rond, dans l'unique but de récolter des likes. Elle qui s'était maquillée le jour même de la naissance de notre fils, afin d'apparaître en forme, un grand sourire encadrant son visage, falsifiant son bonheur. Elle qui m'avait demandé de la photographier, avec Jules dans les bras, puis me l'avait ensuite rendu, toute grimaçante, comme si celui-ci n'était qu'un simple accessoire de shooting.

Cette pseudo maternité heureuse n'est qu'une odieuse façade. Même si sa communauté ne s'en ai jamais douté, moi, au fond, je l'ai toujours su.

Pendant un long moment, j'en suis même venu à la soupçonner d'être tombée enceinte exprès pour gagner en popularité sur Instagram.

Vicieux comme procédé…

Bien évidemment, elle a toujours clamé le contraire. En mon for intérieur, je sais bien qu'Élodie ne vit que pour ses followers[3]. Elle me l'a assez prouvé par le passé. Le plus dur à encaisser, c'est de concevoir que Jules et moi ne sommes que des faire-valoir. Des ornements ne servant qu'à décorer son succès, rien d'autre.

— Élo, viens on rentre s'il te plaît, écoute-moi pour une fois, je ne le sens pas… je la supplie.

— Tu me soûles François ! J'ai un contrat pour faire un selfie en haut des falaises. T'es quand même au courant que c'est eux qui nous font bouffer… piaille-t-elle dans ma direction.

Sa voix condescendante m'insupporte. J'arrive à saturation. Et si je la poussais ? Là, sans témoin… Jules est bien trop petit pour me dénoncer… Je suis sûr qu'il ne m'en voudra pas. De toute manière, c'est tout le temps moi qui m'occupe de lui. Sa mère ne lui montre aucun signe d'intérêt…

---

[3] Personne qui suit, qui est abonnée à une autre sur un réseau social

Non, il faut que je me ressaisisse. Cette pensée doit quitter mon esprit absolument. J'ai honte.

— Oui je le sais…je balbutie, mais…

Elle me coupe net la parole.

— Cela ne t'a pas dérangé la dernière fois quand j'ai fait des photos sur le Preikestolen[4]. T'as fait quoi avec une partie des sous, rappelle-moi ? Ah oui… Ta Playstation 5[5]… Tu étais bien content ce jour-là non ?

— Ce n'est pas pareil Élo, c'était sécurisé là-bas. On était tous les deux… Là, Jules est avec nous. C'est totalement différent…

— Si tu gérais mieux notre planning on aurait pu le faire garder par tes parents…

— Tu sais bien qu'ils ne pouvaient pas ce week-end, je te l'avais dit… Ne commence pas à remettre la faute sur moi.

Jules se met à chouiner. Il n'aime pas que l'on se dispute. Calmement, je lui caresse le dos de la main. Il me regarde et sourit. Il parait apaisé. Ses gémissements cessent. Ma femme s'est figée à quelques mètres devant nous. Elle me fixe d'un air mauvais. Il faut absolument la convaincre de redescendre, sinon je vais faire une bêtise… Un accident est si vite arrivé, surtout ici… Je ne

---

[4] Imposante falaise de Norvège
[5] Console de jeux

comprends pas pourquoi cette épouvantable pensée revient me coloniser…

C'est assez perturbant.

— Pourquoi tu ne la fais pas ici ta photo ? Ils ne feront pas la différence… Le paysage est impressionnant, les falaises sont les mêmes… Et puis Jules est fatigué, on a beaucoup marché. Il a besoin de faire la sieste.

— Non ! me répond-elle sèchement. Je dois aller jusqu'à la Manneporte. C'est précisé dans le contrat... Je sais que ma photo va faire un carton. Si tu veux, tu n'as qu'à m'attendre là avec Jules. Je n'en ai pas pour longtemps.

Sans un mot de plus, je la vois alors s'éloigner de nouveau sur le sentier. Elle est déterminée. Quand elle est dans cet état, je sais qu'il n'y pas grand-chose à faire. Peu importe ma demande, Élodie ira au bout de son objectif…

À quelques centaines de mètres de nous, la Manneporte s'avance dans la mer. Le ciel est toujours gris. Quelques nuages noirs ont depuis fait leur apparition. Une énorme bourrasque soudaine me fait vaciller. Je perds presque l'équilibre.

— Maman tombée, répète Jules. Maman tombée. Papa tombé.

Sans cesse, mon petit garçon ne fait que réitérer ces mots troublants. Sous la capuche de son ciré, il a le visage bleu par le froid.

— Mais non mon grand. Maman va bien. On va l'attendre ici. Ok ?

Mon cœur bondit furieusement. Ma femme s'éloigne. Curieux, je continue de la suivre du regard. Elle arpente tranquillement le sinueux sentier de terre. Élodie ne devient plus qu'un simple trait sombre au milieu du paysage hivernal. Presque spectrale, sa silhouette disparaît de mon champ de vision.

D'un pas lourd, nous nous remettons en marche. Mon fils peine à monter. Ses petites jambes ont du mal à suivre la cadence imposée par le dénivelé.

Néanmoins, je ressens le besoin d'avancer pour continuer de surveiller mon épouse. De nouveau, Jules se met à chouiner.

— On va bientôt redescendre, je lui dis. Tu es fatigué ?

— Nan, murmure-t-il timidement.

— Tu as froid Jules ?

— Nan.

Cela me rassure un peu. Je me sens responsable de l'avoir entrainé jusqu'ici. Sur notre route, nous croisons un couple de randonneurs qui redescend sur

Étretat. Ils sont tous deux encapuchonnés et leurs longs cirés bleu marine sont reluisants de pluie.

— Bonjour, nous lance la femme d'une voix appuyée. Vous allez monter jusqu'à la Manneporte ?

— Bonjour, je lui réponds poliment. Oui pourquoi ?

Suivant la conversation avec un vif intérêt, l'homme qui l'accompagne, probablement son mari, prend la parole.

— Il y a vraiment beaucoup de vent sur la pointe. On n'a pas pu aller jusqu'au bout. C'est trop glissant et la falaise s'effrite au bord. C'est vraiment très dangereux.

Puis, d'un air inquiet, il regarde mon fils.

— Surtout avec le petit, vous savez.

Sa voix est insistante. Son inquiétude est perceptible. Je le comprends totalement. Je suis moi-même inquiet.

— Merci, mais ma femme est déjà là-bas. Je dois la rejoindre.

L'homme fronce les sourcils en me dévisageant. Son front se strie de rides, ses traits se durcissent.

— Il n'y a personne là-bas, insiste-t-il. Enfin, en tout cas, nous n'avons vu personne depuis.

Mon cœur se met à rebondir puissamment. La peur me transperce de part en part.

— Vous n'avez pas croisé une jeune femme brune, assez grande, vers la Manneporte ?

Désormais, c'est au tour de la vieille femme de me dévisager.

— Peut-être a-t-elle pris un chemin différent. Il y a de nombreux sentiers par là-bas.

Comme si de rien n'était, elle baisse les yeux vers Jules en souriant :

— Il a quel âge votre petit ?

— Bientôt trois ans, je lui dis.

— Il est mignon… lâche-t-elle en s'adressant à lui. Ça va ? Tu es courageux de marcher jusqu'ici dis donc… Comment tu t'appelles mon bonhomme ?

Jules ne répond pas. Il baisse simplement la tête vers le sol du sentier.

— Il s'appelle Jules. Excusez-le, il est fatigué…

La randonneuse pose sa main sur la capuche de mon fils, puis, aussitôt après nous avoir salué, le couple se remet en route sur le sentier descendant.

Je saisis aussitôt mon téléphone et compose le numéro d'Élodie. Mon cœur cogne lourdement contre ma cage thoracique.

*Vous êtes sur le numéro d'Élo Traveller[6], pour toutes demandes de partenariats, de projets, veuillez me laisser un message. Merci.*

— Maman tombée ! hurle alors Jules d'une voix stridente. Maman tombée ! Maman tombée !

Ses cris me font frissonner. Tout mon corps semble paralysé par la terreur. Le sang monte en moi, faisant rosir mes joues. Pourquoi Jules a-t-il ce comportement étrange ? C'est la première fois qu'il hurle de la sorte. Ces lieux fascinants déclenchent-ils en lui quelque chose ?

— Arrête de dire ça, maman va bien mon grand. Maman va bien…

Intérieurement je suis terrifié. Je ne veux pas lui montrer que j'ai peur. Non sans difficulté, nous avançons contre le vent.

Au bout de quelques minutes de marche, le long bras de la falaise Manneporte se dessine devant nous. Il parait tendu telle une flèche directionnelle pointant l'horizon. De chaque côté du chemin, très étroit et vertigineux, pendent à pic quatre-vingts mètres de vide. Ce qui me terrifie le plus, c'est que je ne repère aucune trace d'Élodie.

Et si celle-ci était tombée ? Si Jules disait vrai ? D'un côté, cela me libérerait d'un poids… J'esquisse un

---

[6] Nom d'emprunt utilisé par Élodie

sourire coupable que j'efface immédiatement. Élodie est chiante, mais elle ne mérite pas de mourir. Je l'appelle de ma voix tremblotante. Mes appels sont ensevelis par les puissants souffles du vent.

— Élo ? Éloooo ? réponds-moi ! Élo !!

Je ne peux point m'approcher du bord. Pas avec Jules à mes côtés. Paniqué, je serre toujours sa petite main. Il tremble de froid. Il va être malade c'est sûr.

De plus en plus fort, le vent hurle sur nous, de ses cris tourmentés.

— Élooo ! Réponds Éloodie !

Nous nous trouvons désormais mon fils et moi, à cinq bons mètres du chemin menant jusqu'au bout de la Manneporte, et je ne vois aucune solution cohérente se profiler, si ce n'est celle de prévenir les secours.

Si ces derniers m'accusaient de l'avoir poussé ? Je me sens coupable de l'avoir laissé partir seule. Je suis perdu. Je n'arrive pas à réfléchir correctement. L'angoisse me déstabilise. Mes neurones sont en ébullition, mes pensées, confuses.

J'attrape mon téléphone portable, mais la panique aidant, celui-ci glisse de mes mains sur le sol du sentier. Jules pleure à chaudes larmes. Je ne pense même pas à le consoler, trop apeuré à l'idée que ma femme ait pu basculer du haut de la falaise.

Il répète de nouveau ses mêmes mots terrifiants, comme hypnotisé.

— Papa tombé, maman tombée !

En me baissant pour ramasser mon téléphone, je lui lâche machinalement la main. Cela dure à peine quelques secondes.

Lorsque que je me rends compte de mon erreur d'attention, il est déjà trop tard. Jules a couru jusqu'au bord, attiré par je ne sais quelle puissance inconnue.

Tout est allé si vite…

Alors, le temps s'arrête net. Le paysage se fige. Les nuages ne paraissent plus avancer. Je ne perçois plus aucun bruit extérieur. Je suis uniquement concentré sur mon pétit garçon, debout face au vide.

Plus rien d'autre ne compte.

— Jules ! Ne bouge surtout pas mon grand. Papa arrive. Ne bouge pas.

Incontrôlables, les larmes se mettent à couler le long de mes joues.

Puis, comme sortis du néant, j'entends les cris d'Élodie. Désespéré, je me retourne. Elle se trouve derrière moi, debout, son téléphone à la main. Une terreur indescriptible envahit ses pupilles. Ma femme court immédiatement dans ma direction. Une fois arrivée à mon niveau, elle me frappe sur le torse de toutes ses forces. Je ne ressens même pas la douleur de ses coups. Je suis focalisé sur Jules, qui se tient, toujours immobile, si près de nous et si loin en même temps.

— Pourquoi tu l'as laissé s'approcher du vide François ? Il va tomber ! Mon Dieu… Pourquoi tu l'as laissé !

Mes jambes deviennent molles. Mon corps entier se liquéfie. Je m'avance doucement vers mon fils. Jules ne bouge pas. Calme, il est tourné vers la mer. J'ai l'impression qu'il contemple l'horizon lointain.

En me rapprochant du bord de la falaise, je me statufie. Je ne peux rester debout. La sensation d'être avalé par le vide m'angoisse horriblement. Pris d'un vertige, je me mets à genoux, puis m'allonge finalement complètement à plat ventre. Je sens mon cœur tambouriner contre la terre humide. Il va exploser. Une sensation de chaleur intense se glisse à l'intérieur de ma poitrine. Le vent semble se moquer de nous.

Il parait rire, d'un rire aigu de fantôme.

Jules s'avance un peu plus. Sans en avoir conscience, il est en train de flirter avec la mort. Chacun de ses pas peut être fatal.

À tout moment, une puissante bourrasque risque de le faire basculer. Je ne veux pas m'imaginer cette scène.

Non.

Sur l'instant, je n'ai comme unique solution que de ramper jusqu'à lui. Plus qu'un mètre. Trente centimètres. Sa main est proche de la mienne. Je ne peux pas encore le toucher. Je me persuade qu'il me reste une chance de le sauver. C'est impossible qu'il meure ici.

Perdre son enfant, cela n'arrive qu'aux autres.

— Viens mon grand. Viens vers papa, je lui dis en pleurant.

Je n'arrive plus à contenir mes larmes. Elles perlent seules, leur goût salé atteint le coin de mes lèvres.

Elles ont le goût de la peur.

Derrière moi, Élodie s'est tue. Elle brandit son téléphone vers Jules. On dirait même qu'elle le filme… Non, improbable. Elle ne peut pas être aussi stupide…

—Tu fais quoi là ? Ne me dis pas que t'es encore en train de faire une de tes vidéos de merde ?

—Ferme-la et fais quelque chose au lieu de me poser des questions ! Agis merde !

— Putain mais t'es vraiment tarée ma pauvre ! Internet t'a détruit le cerveau…

Je n'arrive pas à y croire… Comment peut-elle avoir autant de détachement face à la situation ? Il ne faut plus que j'y pense, mon fils est en danger de mort, là tout près. Je n'ai pas de temps à perdre en futilités.

Jules se retourne. Ses yeux scintillent. Il me regarde un instant. Son sourire est angélique.

— Viens vers papa… je lui dis de nouveau, tout doucement.

En amorçant son demi-tour, son pied droit ripe sur le bord terreux, dérapant sur une petite pierre blanche et humide. Sans que je puisse faire quelque chose, mon petit garçon bascule silencieusement vers l'arrière, happé par le vide.

— Noooon ! crie Élodie derrière moi. Nonn !

Je suis tétanisé. Tout soudainement vient de s'effondrer. Pétrifié, je n'ai même pas le courage de m'approcher plus. Sans la moindre once de pitié, la Manneporte vient de dévorer notre enfant. Le vent semble même se moquer, m'hurlant dessus, bousculant brutalement les fines tiges d'herbe rase. La culpabilité m'enveloppe entièrement.

— Pourquoi tu l'as laissé aller au bord ? crie Élodie. Pourquoi tu as fait ça François ?

Portable à la main, je remarque qu'Élodie est toujours en train de filmer. Cette fois-ci elle tient sa perche à selfie au-dessus d'elle. Elle sanglote mais j'ai l'impression qu'elle joue la comédie… Je ne sais pas si la chute de notre fils la touche réellement.

Complètement anéanti, je pleure de toute mon âme, toujours allongé ventre à terre. Mon cœur va lâcher, il cogne comme un tambour. Ses battements sont irréguliers. J'ai du mal à respirer. Il a suffi de quelques secondes pour que Jules échappe à ma vigilance.

La scène effroyable se répète en moi, en boucle.

Je n'ai pas le temps de comprendre que je vois ma femme avancer vers le vide. J'ai l'impression qu'elle interprète un rôle théâtral. Toutes ses réactions, ses gestes, ses mimiques, paraissent faux…

Élodie s'approche du bord de la falaise puis s'immobilise, les bras le long du corps. Elle fait face à la mer tout en fixant l'horizon. De ma place, je l'entends discuter avec quelqu'un. Je comprends qu'elle est en plein live. Je n'arrive pas à y croire… Élodie a filmé la mort de notre fils… En direct… Elle l'a partagée avec ses abonnés…

Je me lève et sans réfléchir, me dirige prudemment vers le bord. Mes pas sont mesurés. Lorsque j'arrive à son niveau, Élodie n'a pas de larmes. Ses yeux étincèlent simplement. Je la toise avec dégoût. Ma pulsion revient. J'ai envie de la pousser, j'ai envie qu'elle tombe aussi, qu'elle crève…

J'ai envie de me laisser avaler par la Manneporte, moi aussi, afin de rejoindre Jules, quatre-vingts mètres plus bas.

Une petite voix insistante me souffle de le faire.

Je fixe Élodie d'un air sombre. Elle tient toujours son téléphone, elle ne l'a pas lâché depuis. Je ne sais pas si elle continue de filmer, je ne comprends pas trop ce qu'elle fait…

Simplement, je me rends compte que notre histoire ensemble est terminée. Éthiquement, je ne peux pas rester avec une personne dénuée de conscience morale.

La petite voix s'est tue, remplacée par celle du vent.

Déboussolé, sans un mot, je laisse Élodie là, seule, abandonnée à son sort. Seule, avec l'image horrible de son fils qui tombe dans le vide. Seule, avec la culpabilité de l'avoir amené jusqu'ici. Seule, avec son immoralité.

En repartant, de loin, je l'observe une dernière fois.

Enfermée dans son monde virtuel, elle n'a même pensé à prévenir les secours…

Je compose le numéro des pompiers. Ils ne mettent pas longtemps à répondre. Je leur explique ce qui vient de se passer. J'ai du mal à parler... Je suis troublé, je balbutie beaucoup, je ne parviens pas à articuler sans que ma voix s'étouffe... J'ai énormément de mal à retenir mes sanglots.

Malgré mes difficultés d'expression, les pompiers me comprennent et envoient une équipe sur le champ.

Je ne sais pas si je dois les attendre là... Je ne sais que faire...

J'ai commis la pire erreur de ma vie... Je me déteste... Je déteste Élodie encore plus...

Malgré ses milliers d'abonnés, qui d'entre eux étaient présents à ses côtés ? Personne.

Rien ne peut contrer le destin. Aucun argent, aucun partenariat, aucune communauté, aussi gigantesque soit-elle, ne pourra jamais ressusciter notre fils.

J'ai mal partout, traversé par un profond désespoir.

Mon âme est brisée.

Je souffre d'être encore en vie alors que Jules n'est plus. Je souffre que ce soit lui qui ait payé ma passivité... C'est moi qui aurais dû tomber à sa place... C'est moi que la Manneporte aurait dû engloutir...

Mes yeux sont rivés sur l'horizon. Le ciel gris me parait tout proche. Les énormes nuages, remuent, portés par le vent, tels des vaisseaux de coton blanc.

Mon univers tout entier vient de s'effondrer, mais la terre, elle, continue de tourner. À l'échelle du monde, la chute de mon fils n'est rien d'autre qu'une poussière insignifiante. Je prends conscience de la fragilité de la vie. De l'impact de la mort.

Cette dualité, encadrée par un paysage tristement magnifique, me remue vivement les tripes.

Parmi le paysage vide, j'ai l'impression d'entendre la voix de mon petit garçon, colportée par le vent. Il ne hurle plus, il murmure simplement de sa jolie petite voix nasillarde :

*« Maman tombée, papa tombé... »*

Seul sur le sentier du retour, je reste silencieux. Au loin, je distingue la camionnette bleue des gendarmes. Grimpant mollement, celle-ci chemine jusqu'au sommet de la Manneporte.

Lorsque j'arrive enfin en bas, une équipe de secouristes est déjà sur place, près du corps gisant de mon petit garçon. Je n'ai pas le courage de les rejoindre. Je ne veux pas voir Jules comme cela. J'ai bien trop peur que l'image terrible de son cadavre demeure en moi éternellement.

Alors, lâchement, je continue mon chemin vers la ville, sans un mot.

Plus loin, sur le mince banc de galets, là où s'échoue le grondement des vagues, la mort est omniprésente.

Je la sens se répandre, enveloppant les lieux de ses macabres voilures noires.

Il y a foule qui se presse. Des badauds, des promeneurs, des curieux, que les tragédies attirent, sont venus voir qui est tombé, tout près de l'immense arche de craie.

Élodie n'aura qu'à tout expliquer aux gendarmes, si elle le veut, elle pourra même leur dire que c'est ma faute …

Après tout, il faut bien trouver un responsable…

Seulement, pour moi, mon rôle s'arrête ici.

C'en est fini de subir.

Adieu, Étretat, adieu, la Manneporte.

# 2

# Shawna

*Copcity*

*« L'essence même de l'homme est d'être virtuel, parce qu'il ne peut se satisfaire de sa réalité passagère. »*

Philippe Quéau

Mon petit frère Ismaël a toujours été un geek[7]. Un immodéré. Un excessif. Le genre insupportable, capable de taper des nuits blanches devant un jeu en ligne, en se gavant de chips et de soda bon marché. Depuis qu'il est tout petit, on pourrait croire qu'il est né avec une manette de console greffée dans les mains.

Ma mère a beau dire le contraire, je reste persuadée que les problèmes de surpoids d'Ismaël sont dus à son manque évident d'activité physique. Ce n'est pas vraiment surprenant, étant donné qu'il ne quitte sa chambre que pour se rendre au collège… Quand ce petit con daigne y aller…

Tous les soirs, tous les week-ends, qu'il fasse beau, qu'il pleuve, mon frère vit en ermite dans cette satanée chambre.

J'vous jure que je n'invente rien. Ismaël peut jouer nuit et jour si personne n'intervient. Il est le cas typique de l'adolescent qui ne connait pas ses limites, qui ne voit pas le caractère chronophage

---

[7] Personne passionnée par l'informatique et les jeux vidéo

de ses jeux vidéo. C'est un cliché à lui tout seul. Le pire dans tout cela, c'est la violence dont il fait preuve lorsqu'il perd une partie.

Toutefois, la plupart du temps, et heureusement d'ailleurs, il réussit à se canaliser.

Enfin ça, c'était avant « *Copcity* ».

Depuis l'acquisition de ce satané jeu de tir en ligne, un « *shoot'em up*[8] » comme on appelle ce type de jeu dans le jargon gamer[9], j'ai remarqué quelques changements dans son comportement. Il s'est complètement renfermé sur lui-même. Il est bourré de tics nerveux en tout genre qu'il ne possédait pas jusqu'à présent.

Franchement cela m'inquiète.

D'après ce que j'ai compris, enfin de ce qu'Ismaël a bien voulu m'expliquer entre deux parties animées, ce jeu « *Copcity* » consiste à incarner un policier corrompu et violent, sorte de justicier malveillant, qui bute tout ce qu'il trouve sur son chemin. Un gros bourrin armé jusqu'aux dents avec un physique de déménageur à la *The Rock*[10].

Fusils à pompe, flingues, couteaux, et même un lance-flammes sont ses meilleurs amis. Imaginez

---

[8] Jeu vidéo dans lequel le protagoniste doit détruire ses ennemis à l'aide de projectiles divers

[9] Joueur régulier sur ordinateurs ou consoles

[10] Surnom de l'acteur Dwayne Johnson

un peu la chose. Ce « *héros* », si on peut l'appeler ainsi, sillonne la ville et dézingue tout ce qui bouge sans ménagement. Égorgements, étranglements, mitraillages intempestifs, tout y passe. Le sang gicle à foison. Les têtes explosent sous les impacts de balles, les gorges se tranchent dans une effusion d'hémoglobine digne des films d'horreur les plus gores. C'est donc logiquement que les distributeurs de ce jeu l'ont classé Pegi 18[11].

Mais qui fait encore attention à ces logos d'avertissement, mis à part une poignée de parents consciencieux ? Pas grand monde en réalité…

« *Plus il y a de sang, plus c'est drôle...* » dixit Ismaël.

La semaine dernière, poussée par ma curiosité, je suis restée cinq minutes à le regarder jouer. Ce que j'ai vu était digne d'une boucherie. Mon petit frère semblait totalement hypnotisé. J'ai dû lui dire plusieurs fois de reculer de l'écran tellement il y collait son visage.

Le pire, c'est qu'il ne s'en rendait même pas compte que plus il jouait, plus son corps se rapprochait de la télévision.

---

[11] Classification des jeux vidéo réservés aux adultes

Pour moi ce « *truc* » abjecte ne peut posséder l'appellation de jeu… C'est plutôt un massacre… Un défouloir à frustration…

Pas vraiment pédagogique comme concept… Mais comme disait mon père : « *il faut bien que jeunesse se passe…* ».

Un peu gonflé le daron, quand on sait qu'il s'est barré lâchement dans le sud pour refaire sa vie en laissant ma mère tout gérer… Ceci est un autre sujet…

Naturellement, dans une société comme la nôtre, « *Copcity* » est vite devenu un énorme carton international. Des pubs à la TV, du merchandising, en veux-tu en voilà…

Même une série qui sortira prochainement sur une grosse plateforme de streaming vidéo… Pour moi ce n'est pas une surprise. Les gens raffolent de cette violence déraisonnable. Ils aiment se défouler virtuellement, cela maitrise et contient leurs pulsions. Je me souviens quand je jouais aux Sims[12], je faisais crever tous mes personnages. Je créais des pièces puis j'enlevais les portes, par pure perversité. J'aimais voir mes créations souffrir, agoniser, comme si j'étais leur Dieu. Ce jeu me calmait lorsque j'étais en colère.

---

[12] Jeu vidéo ayant pour thème la simulation de vie réelle

C'est bête hein…

Peut-être qu'Ismaël a besoin, comme j'en ai moi-même ressenti la nécessité à un moment de ma vie, d'exulter la rage et la colère qui bouillonnent en lui tel le magma d'un volcan ? Je ne sais pas trop.

Là, je trouve tout de même que les graphismes proches de la réalité, le sang, et la sauvagerie des meurtres auxquels on peut se retrouver confrontés dans « *Copcity* » est problématique. En comparaison, un jeu comme les Sims, était plus stratégique et surtout beaucoup moins réaliste.

Là, les personnages correspondent traits pour traits à des êtres humains, et le fait que le joueur puisse les massacrer sans aucune limite, me semble assez dangereux.

Je pense qu'Ismaël possède les capacités intellectuelles nécessaires lui permettant de dissocier le virtuel de la réalité. Enfin, je l'espère.

La semaine dernière, j'ai essayé de lui confisquer, mais il a tapé une colère monstre en ravageant la moitié de sa chambre. Lui rendre était donc la meilleure solution. J'ai acheté la paix sociale…

En fait, quand j'y pense, je n'ai pas vraiment discuté avec lui de tout cela. Je garde mes préoccupations au fond de moi. Je l'observe, je l'analyse. Un peu comme une scientifique observe un sujet d'étude.

Nous ne parlons pas beaucoup ensemble. Nos relations sont plutôt conflictuelles. Elles l'ont toujours été. Encore pire depuis que notre père s'est barré.

Que fait ma mère dans tout ça ? Elle est solo et totalement dépassée. Elle n'a aucune autorité sur nous, il faut parler franchement. On peut même dire que j'ai pris sa place au sein de la famille… C'est moi qui engueule Ismaël lorsque celui-ci répond mal… C'est moi qui lui dis d'éteindre sa console de jeux.

En réalité, c'est moi la mère…

Concrètement, j'en ai ras-le-bol d'assumer cela. Je ne suis qu'une jeune femme immature et on me demande déjà de remplir les missions d'une mère de famille… Je n'ai pas les épaules pour assumer.

Je me sens tout de même obligée, parce que dès que je ne suis pas là, Ismaël la traite comme une chienne. Il me rend dingue. J'ai envie de le taper, mais vu que c'est le petit dernier de la famille, ma maman lui passe tout.

Elle est toujours là à prendre sa défense, même quand il est indéfendable. Tout cela me rend folle, j'vous jure.

Une fois j'ai essayé de le frapper, et cela ne s'est pas très bien fini… Ma mère a chialé toutes les larmes de son corps, en nous expliquant qu'elle faisait son maximum pour que l'on soit heureux… qu'on la décevait… qu'on était des monstres… qu'on devait s'aimer entre frères et sœurs et non se battre… Qu'elle était seule et que nous devions fournir des efforts…

Je n'ai pas trop pigé… Elle nous a dit tout cela et direct après elle est partie réconforter Ismaël… Tandis qu'elle câlinait son chouchou d'amour, celui-ci m'a fait un doigt d'honneur en souriant.

Elle me saoule grave. Elle ne se rend même pas compte qu'Ismaël la manipule. Il fait d'elle ce qu'il veut. À cause de l'affect, chacune de ses réflexions sont faussées et illogiques.

Quand on dit que l'amour rend aveugle, c'est aussi valable avec ses enfants…

Concernant les agissements d'Ismaël, je ne peux pas demander de l'aide à ma grande sœur, Tania, car celle-ci a quitté la baraque depuis quelques mois. Madame a pris son indépendance. Pour moi, elle nous a abandonnés, comme Papa l'a fait auparavant.

Elle a un petit copain et un appartement. Elle n'habite plus là. Elle n'en a strictement plus rien à foutre de ce qui se passe ici.

D'un côté, je me dis parfois qu'elle n'a pas eu tort… Si j'avais eu la thune pour me barrer, je l'aurais fait aussi… C'est pour cela que je suis pressée d'avoir dix-huit ans. Trouver un boulot, un appart, et les laisser tous les deux dans leur ambiance étrange. Ils pourront se faire autant de câlins qu'ils veulent. Je ferai comme Tania, je les ignorerai, je serai tranquille…

Un soir, après qu'Ismaël a fait une énorme crise, j'ai appelé ma grande sœur. J'étais en larmes.

« *Vos histoires ne me concernent plus…* » m'a-t-elle répondu au téléphone. J'ai chialé de plus belle.

Sa présence me manque. Son autorité aussi. Ismaël l'écoutait au moins. En tout cas une chose est sûre, il la respectait davantage.

Je crois que s'il est devenu comme cela c'est aussi parce qu'il n'a pas supporté le départ de papa.

Être parent est une tâche difficile. Je m'en rends compte.

Ce soir, je suis sortie un peu pour me changer les idées. J'ai passé la soirée chez ma meilleure pote, on a refait le monde comme d'habitude, autour de quelques bières.

On a pas mal discuté de ma situation. Elle m'a fait prendre conscience de certaines choses, de l'addiction d'Ismaël, entre autres.

Il est environ deux heures du matin lorsque j'arrive chez moi. Je suis pompette. Quand je monte me coucher, je vois de la lumière se faufiler en dessous de la porte de mon frère. Instinctivement, je me dis qu'il est en train de jouer. Cela ne m'étonnerait pas.

Bien qu'il n'y ait pas cours demain, j'estime tout de même qu'il abuse… En temps normal, je serais directement partie me coucher sans faire de frasques, mais là, je suis alcoolisée, j'ai toujours le discours de ma pote qui résonne dans mon crâne, accompagné d'un petit regain de colère qui monte en moi et me donne envie d'intervenir.

Il faut que je lui parle, tant pis si l'heure n'est pas appropriée, j'ai besoin de vider mon sac. Je veux qu'il puisse m'entendre et surtout me comprendre.

Furtivement, je rentre dans sa chambre. Pari gagné : Ismaël est scotché devant sa télévision, les yeux écarquillés, rivés sur l'écran.

Il a son casque audio vissé sur les oreilles, comme à son habitude. J'ai tellement vu ce tableau devant moi que rien de tout cela ne me parait étrange.

Ce qui me marque le plus, c'est l'odeur amère qui emplit la pièce. Je me dirige vers lui et lui demande immédiatement ce que cela sent. Il ne me regarde même pas. Il continue de jouer comme si de rien n'était.

Est-ce qu'au moins, il m'a vu entrer ? Je ne peux pas le certifier.

Alors pour en être sûre, je me poste devant l'écran. Je sais à ce moment-là que mon acte va déclencher un conflit.

Au début, il reste silencieux et me fait juste des signes du bras pour me demander de m'écarter, mais quand il voit que cela ne fonctionne pas, alors la situation dégénère. Il hausse le ton sur moi et la violence monte crescendo.

Un premier petit coup de poing part sur mon épaule, je l'encaisse sans dire mot. Puis un deuxième, un tantinet plus fort. Je lui dis de se calmer, car il est tard. C'est là qu'il se met à m'insulter copieusement.

Je n'en reviens pas.

— Vas-y Shawna dégage de l'écran ! Sale pute va ! Je suis en ligne là !

Il me crie dessus. Sa voix est enrouée, empreinte de fatigue, méconnaissable. C'est comme s'il était possédé. Le « *sale pute* » qu'il vient de me balancer sans aucun scrupule me blesse. C'est la première fois qu'il me traite de la sorte.

Vexée, j'arrache la manette de sa main. Il me fixe avec un air furieux et après avoir esquissé un sourire étrange, il se rue sur moi.

Ismaël me griffe, me mord…

Je le gifle. Nous nous battons. La lampe de chevet se renverse dans un fracas du diable. Sa console tombe sur la moquette de la chambre.

En à peine quelques secondes, c'est le chaos total. Je n'arrive pas vraiment à réaliser ce qui se passe. Tout va si vite… J'ai toujours de l'alcool dans le sang, mais l'adrénaline causée par notre bagarre me remet les idées en place. Je suis à nouveau totalement lucide et en pleine possession de mes moyens.

— Eh mais calme-toi ! T'es malade ou quoi ? je lui dis en essayant de le maitriser.

Ismaël se débat comme un acharné. Il a de la force. Je sens les bourrelets de son ventre sous son tee-shirt toucher ma poitrine. J'essaie de le maitriser.

— Laisse-moi jouer putain ! Laisse-moi sale pute !

Désormais, il hurle de rage. Je ne comprends pas pourquoi ma mère ne se réveille pas. Il devient totalement fou. Je n'arrive bientôt plus à le retenir. Il bouge trop, chacun de ses gestes est d'une violence inouïe. Quelque chose a changé en lui. On dirait qu'il puise sa force dans la colère éprouvée.

— T'es qu'une pute ! Je te déteste ! crie-t-il. Je vais perdre ma partie à cause de toi !

J'ai toujours sa manette dans les mains. Il essaie de me la prendre. Il me lance un coup de pied sur le mollet. Atteinte par la douleur, je vois rouge. Je le pousse si fort sur son lit que l'arrière de sa tête heurte violemment le montant en bois, causant par la même un bruit sourd et inquiétant.

« *BOK !* »

Ismaël perd connaissance.

D'un côté, je suis soulagée qu'il soit enfin silencieux. Rapidement je me rends compte de mon geste. J'ai très peur que ma mère ne surgisse dans la chambre et ne me prenne la tête… Visiblement, celle-ci n'a rien entendu de notre bagarre. Je m'approche d'Ismaël, le secoue, lui mets quelques petites tapes sur la joue… J'ai peur de l'avoir tué.

S'il est mort, je vais aller en prison…

« *Allez ! Réveille-toi !* »

Il ne me répond pas. Ses yeux sont clos. Je commence sérieusement à flipper. Je colle mon oreille contre sa poitrine.

J'entends son cœur battre la chamade. Ouf… Je suis soulagée. Je touche l'arrière de son crâne… Il ne saigne pas non plus. C'est plutôt une bonne chose. On m'a toujours appris que tant que le crâne ne saigne pas, alors ce n'est pas grave.

Du coup, comme pour apaiser ma conscience, je m'assois sur le bord de son lit et reste à ses côtés en attendant qu'il reprenne ses esprits.

Forcément, la fatigue aidant, je baisse ma garde. Je sens le sommeil me chatouiller. Je me mets à somnoler. Je devrais peut-être tout de même réveiller ma mère. Elle comprendrait la situation. C'est lui qui l'a cherché là… Ce n'est pas ma faute… Son jeu le rend complètement fou… Elle comprendrait… Enfin, je crois…

Quoique… La connaissant, elle trouverait encore le moyen de dire que c'est à cause de moi. Finalement, je vais la laisser dormir. C'est mieux comme ça. Tout se bouscule en moi.

C'est la première fois qu'Ismaël et moi nous nous battons aussi violemment. Je n'ai pas su mesurer ma force.

Je regrette déjà mon geste. Malgré tout, je l'aime mon petit frère.

Tiraillée par la fatigue, je m'endors assise. Mon corps s'incline en avant. Je me sens piquer du nez, mais je n'arrive pas à lutter.

D'un seul coup, je sens une forte pression sur ma gorge. Ismaël vient d'enrouler le câble de sa manette autour de mon cou et tire brutalement dessus avec rage.

Il est en train de m'étrangler. J'essaie de me débattre tant bien que mal. Je perds des forces. Peu à peu, je vois de minuscules points lumineux devant mes yeux, je sens l'air qui manque, je tente de respirer, mais je n'y arrive pas.

Le noir survient, complet. Je m'écroule en arrière sur le lit et perds connaissance à mon tour.

Quand je me réveille, je suis toujours dans la chambre de mon frère. Ismaël s'est remis à jouer à la console, dans la même position qu'au début, comme si de rien n'était.

Ma tête tourne telle une toupie. J'essaie de me lever, immédiatement, je suis pris d'un intense vertige. Je ne peux pas croire ce qu'il m'a fait. Non. J'ai dû probablement faire un cauchemar. Impossible que mon petit frère m'ait étranglé…

J'ai du mal à respirer, ma poitrine et mon cou me brûlent. Je regarde l'heure sur sa table de nuit, il est plus de quatre heures du matin. Deux heures se sont écoulées depuis que je suis rentrée.

J'ai envie de pleurer.

— T'es calmée ça y est ? me lance-t-il sans même me jeter un regard.

L'écran éclaire la pièce d'une puissante lumière bleutée. Sa silhouette se trouve devant moi, en position assise. Il est de dos. Son tee-shirt à moitié arraché est relevé au niveau de son dos, vestige de notre lutte. Il n'a même pas pris la peine de se rhabiller.

— Tu te rends compte de ce que tu m'as fait ? Tu m'as étranglé !

Ismaël ne me répond pas. Il demeure immobile, les yeux fixés sur l'écran. Le jeu tourne à plein régime. Le héros est en plein carnage.

— Oh je te parle là ? Tu m'entends ?

— Toute façon, t'es comme maman toi… Tu ne comprends jamais rien…

À nouveau mon cou me fait mal. Je dodeline de la tête. À gauche, à droite, en haut, en bas. Je ressens une vive douleur au niveau de ma trachée. La sensation est désagréable.

Mon regard s'arrête sur une bouteille posée sur le sol, tout près de son fauteuil.

— C'est quoi cette bouteille ?

Il se retourne vers moi en riant. Il a un rire terrifiant. Le blanc de ses yeux est explosé. Je peux discerner les vaisseaux sanguins en zébrer l'intérieur. Ses pupilles sont tellement dilatées qu'il ressemble à un toxicomane.

Les ombres créées par les lumières de l'écran lui dessinent de gros cernes grisâtres. Il a l'air d'un illuminé. Un fou… Ismaël est fou…

— T'as qu'à regarder dedans… me dit-il en explosant de rire. Si t'aimes la pisse…

Je grimace de dégoût.

— T'es complètement taré ! Tu fais le malin là mais je vais aller tout raconter à maman… Ce que tu m'as fait… Tu m'as étranglé !

Il se met alors à rire de plus belle. Ses rires sont forts, accentués, ils sonnent si faux et forcés qu'ils me rendent mal à l'aise. J'ai toujours la tête lourde.

— Vas-y, raconte-lui tout. Je doute qu'elle puisse t'écouter là où elle est… m'avoue-t-il enfin, sur un ton horriblement calme. Vas-y, qu'est-ce que t'attends ? Va la voir ta petite maman chérie…

À la prononciation de ses mots, un sentiment d'horreur me saisit. Pourquoi cette phrase si terrible ? Qu'a-t-il fait à notre mère ?

Effrayée, je me lève de son lit. Je suis prise d'un autre vertige et me rattrape au mur. J'ai les jambes en cotons tiges. Je vacille.

Ismaël ne bouge pas. Je dois faire quelque chose. Il faut que j'appelle la police. Je ne vois pas d'autres solutions. Lorsque je cherche mon téléphone dans la poche de mon jean, celui-ci n'y est plus. Il a dû me le prendre quand j'ai perdu connaissance…

Que vais-je bien pouvoir faire ?

— Rends mon portable ! Tu l'as mis où ?

— Tu peux arrêter de crier s'il te plaît, tu me déconcentres… Je vais perdre la partie…

— Je m'en fous de ton jeu de merde, rends-moi mon téléphone ! Et puis t'as fait quoi à maman ? Hein ! Réponds-moi !

Malgré mes invectives, il reste concentré sur l'écran. Je pense à le frapper par derrière, lui asséner un grand coup sur la tête, de toutes mes forces. Je dois m'approcher de lui… Mais je suis si faible…

Si nous en venions à nous battre encore je ne ferais pas le poids…

— C'est elle qui l'a cherché, finit-il par lâcher.

Ma main se soulève un instant, puis retombe, impuissante. Je n'y arriverai pas. Je suis épuisée.

— Qu'est-ce que t'as fait à maman ? Ne me dit pas que tu l'as frappé… Non… Me dit pas ça…

— Si tu ne fermes pas ta gueule je vais te faire pareil qu'elle… Alors va te coucher et laisse-moi jouer tranquille ! C'est quoi cette manie de m'empêcher de jouer putain ? Vous n'avez rien d'autre à foutre ou quoi ? Vous vous êtes passé le mot toutes les deux, c'est ça ?

Les premières larmes coulent. J'ai froid soudainement. Je frissonne de tout mon être. Mon corps entier frémit. De nombreux spasmes incontrôlables apparaissent. Je comprends qu'il a fait du mal à notre mère.

Que me fera-t-il ? S'il est capable du pire alors je suis en danger.

— Et n'essaie pas de me frapper ou de faire le super héros, je te vois dans l'écran… Me force pas à te faire du mal Shawna… Je n'hésiterai pas…

Laissant quelques secondes sa manette, il se retourne vers moi et se met alors à brandir un énorme couteau de boucher à l'aide de sa main gauche. La lame est remplie de nombreuses taches sombres.

De nouveau, je tremble d'effroi.

J'ai la trouille. Je ne sais pas quoi faire. Il faut qu'il se fasse soigner… Ce n'est plus possible. Ce jeu l'a rendu cinglé…

D'une démarche vacillante, je me dirige lentement vers la porte. Je dois rapidement atteindre celle de ma mère afin de m'y enfermer à l'intérieur. J'ai peur de découvrir son corps… Je n'ai pas le choix…

Une fois dedans, j'aviserai. Peut-être y trouverais-je même un téléphone portable. J'espère qu'il n'y a pas pensé.

S'il vous plaît, mon Dieu, faites qu'Ismaël n'ait pas tué ma maman… Faites qu'elle soit en vie… Il me reste éventuellement une chance de mettre fin à ce cauchemar éveillé.

Arrivée à la hauteur de la porte, sans le faire exprès, mon coude effleure l'interrupteur. Malheureusement pour moi, celui-ci est relié aux prises sur lesquelles sa console est branchée.

« *Clic* »

Tout s'éteint subitement. Nous sommes plongés dans le noir complet. Ismaël se met à hurler de rage. Ses cris stridents n'ont plus rien d'humains. Ils sont comparables à des hurlements d'animaux.

Au creux de l'obscurité, je l'entends bondir de son fauteuil.

Il s'approche de moi.

Mon épaule cogne contre le montant de la porte, une première puis une seconde fois.

Non sans difficulté, je me retrouve dans le couloir. J'essaie d'allumer, mais à tâtons je n'arrive pas à atteindre l'interrupteur.

— Tu l'as fait exprès Shawna ! Salope ! Je vais te tuer ! Je vais te saigner comme une truie !

Il est derrière, il me suit de près, je vois sa silhouette ronde se dessiner au creux des ténèbres. Il se rue sur moi comme un animal sur sa proie. C'est là qu'il m'assène un énorme coup de couteau dans la cuisse. Je sens la lame s'enfoncer sous ma peau. Je n'ai pas mal sur le coup, juste une sensation prononcée de picotement.

Son rire, aigu, me glace les os. Comment le ramener à la raison ? J'essaie de lui parler.

— Arrête ! S'teuplaît…arrête…

Une deuxième douleur se fait ressentir. Il vient de me poignarder à la main. Cette fois-ci, son couteau a transpercé ma paume. Ismaël est devant moi, il me surplombe.

Je vois les points blancs de ses pupilles étinceler au cœur de l'obscurité. Je perds beaucoup de sang. Il ressemble à un prédateur.

Ma cuisse me brûle.

Le sang chaud coule de chacune de mes plaies. Sur le sol du couloir, je me tords de douleur. Je vais mourir, ça y est, j'en suis certaine. Mon petit frère va me tuer… Ismaël va m'assassiner…

Il s'assoit sur moi et récite une phrase étrange. Je sens son corps lourd me comprimer le bas du ventre.

— Salue la grande Faucheuse de ma part, graine de chienlit !

Comme un flash mémoriel, je me souviens le contexte dans lequel j'ai entendu cette réplique pour la première fois…

Son jeu « *Copcity* ».

Cette phrase terrible n'est rien d'autre que celle que prononce le héros avant d'exécuter ses victimes…

Ismaël a totalement perdu les pédales. Il va me tuer comme il a tué virtuellement tous ces gens. Il va me tuer comme il a probablement tué ma mère avant moi. Ce jeu est dangereux. Il faut le retirer du marché. Quelqu'un doit agir… Vite… On court à la catastrophe…

D'ici là, combien d'ados ce jeu vidéo va-t-il rendre fou avant qu'une alerte soit lancée ?

Mes plaies me font atrocement mal. Je tente une dernière fois de le raisonner, en vain. Je sens sa respiration rapide juste au-dessus de ma tête. Son souffle chaud me submerge.

Il halète puissamment. Je ne peux même plus bouger. Je suis bien trop faible. L'hémorragie continue, le sang coule à flots.

Impuissante, je n'arrive même plus à me débattre.

—Ismaël, réveille-toi pitié… Ne me tue pas… Tu n'es pas comme ça… Tu es quelqu'un de bien…

Il se met de nouveau à rire furieusement, puis il brandit son couteau vers le plafond.

Je vois son bras se lever, le reflet de l'immense lame en acier apparaît à travers un éclat de lune. Une demie seconde plus tard, la lame s'abat en plein milieu de ma poitrine.

Le dernier coup porté dans ma cage thoracique m'estomaque totalement.

Je ne peux plus respirer.

Ma vision se trouble.

Mes paupières se ferment.

— Je peux enfin retourner jouer…

Ce sont les derniers mots que j'entends. Ils sont effroyables.

Ça y est !

Ismaël a gagné la partie !

# 3

# *Olivier*

## *La Pyramide*

*« Dans mes voyages, je n'ai pas trouvé des réponses, mais uniquement des merveilles. »*

Marty Rubin

Les ruines d'une ancienne pyramide, trônent, depuis que je suis tout gosse, sur les hauteurs de mon village. On peut la rejoindre à pied, via un sentier zig-zaguant à travers le maquis.

Des tas de légendes courent sur la présence de cette pyramide : monument Franc-Maçon, repère de pédophiles, sectes secrètes, construction Illuminati[13], refuge accueillant d'anciens nazis...

Tout y est passé. Même la piste extraterrestre a été envisagée. Il faut dire qu'un tel édifice, à des milliers de kilomètres de l'Égypte et de son célèbre site de Gizeh, cela peut prêter à confusion.

Jusqu'à présent, je n'ai trouvé aucune explication logique à sa présence. Ce que je sais, c'est qu'elle est bel et bien là, et à chaque fois que j'y vais, j'ai l'impression de la redécouvrir un peu plus.

Elle représente quelque chose de magique, d'ésotérique, que je ne saurais expliquer.

---

[13] Société secrète allemande datant du 18ème siècle

Rares sont les pyramides en France. La nôtre, parce que j'estime qu'elle nous appartient tous un peu, possède ce mysticisme qui pousse chacun de ses visiteurs à vouloir en apprendre plus sur son histoire.

Nombreux sont les explorateurs, amateurs ou professionnels, spéléologues ou simples curieux, comme mes potes et moi, qui sont venus la visiter, la squatter, l'explorer plusieurs fois.

Chez nous, c'est une tradition que de s'y rendre.

À pied, l'été, sous la chaleur écrasante du soleil du sud, l'expédition se transforme en une sorte de rite initiatique, un pèlerinage à faire au moins une fois dans sa vie.

Le sentier y menant abrite de nombreuses hardes de sangliers. Leur odeur forte et stagnante envahit les lieux avec puissance. Les vipères, elles aussi très nombreuses, mais bien plus discrètes, peuvent rapidement en décourager plus d'un. Ces multiples obstacles créent une atmosphère d'aventures particulière… Une aventure qu'il faut mériter, dotée d'un petit côté mythique, un peu comme dans les films d'Indiana Jones.

Malgré cela, j'estime qu'avec de bonnes chaussures de randonnée, assez d'eau pour ne pas crever déshydraté, un semblant de cardio et surtout beaucoup de volonté, on est en capacité d'y accéder facilement.

C'est une immense fierté de l'atteindre. La voir se dessiner devant nous, se livrer de toute sa majestuosité est, je dois le dire, assez jouissif.

Avoir le privilège de regarder le monde haut perché sur son toit de pierres, cela n'a pas de prix.

Cela procure même un sentiment d'accomplissement magnifique. On se sent à la fois puissant et minuscule, face à la nature et son paysage fascinant qui s'étend sous nos pieds. Juché sur son socle, on se prendrait presque pour le roi du monde.

Déjà tout gamin, mon père y allait, le père de mon père également. Mon tour est venu finalement, et comme pour le moment mes enfants sont trop petits, je sais qu'un jour viendra où je les y emmènerai. Je préparerai notre expédition soigneusement, afin que mes gosses se rappellent toute leur vie de ce jour merveilleux, et qu'ils aient envie de transmettre cet amour à leurs enfants… Un amour inconditionnel. L'amour du terroir.

C'est pour ce côté immuable que la Pyramide demeure un lieu exceptionnel, dégageant une aura surnaturelle. C'est assez inexplicable dit comme cela, il faut absolument la voir pour le ressentir. Rien que d'en parler j'en ai la chair de poule.

Il y a longtemps, bien avant ma naissance, une personne passionnée, dont je ne connais pas l'identité, y a installé une échelle de fer, harnachée à même la roche, permettant de descendre à l'intérieur.

Cette personne n'a pas fait les choses à moitié puisque l'échelle est toujours là, rouillée, solide vestige résistant au temps.

Moi ? Même si je m'y suis déjà rendu plusieurs fois avec mes amis comme je vous ai dit précédemment, jamais encore je ne suis descendu à l'intérieur de la Pyramide.

J'ai toujours eu peur de me casser la gueule, de tomber de l'échelle. Il n'y a rien à faire, j'ai eu beau constaté par moi-même sa solidité, je n'ose pas. Mon appréhension est plus forte que mon désir.

Le passage m'effraie. Le fait que l'échelle soit aussi vertigineuse me flanque une trouille bleue. J'ai essayé moultes techniques, différentes approches, rien n'y fait.

En réalité, je pense savoir d'où vient mon blocage. Là-bas, sur les hauts du maquis, les secours mettent du temps à intervenir. S'il existe effectivement un poste de sauvetage équipé d'une belle armada d'hélicos, quelques kilomètres plus bas, je reste persuadé que même eux seraient impuissants en cas d'accident grave. C'est ma hantise. Voilà ce qui me bloque. M'évanouir, par exemple, fort possible avec ces pics de chaleurs estivaux, ou être victime d'une sévère hémorragie, me vider de mon sang, m'empêche d'en profiter pleinement.

Cependant, depuis que la Pyramide existe, je n'ai jamais encore entendu parler d'accidents mortels directement en lien avec sa présence.

Ici, nous savons tous qu'il y a déjà eu quelques malaises fatals sur le sentier, des anciens, des pépés qui se croyaient immortels et qui y sont montés, sûrement pour se prouver qu'ils étaient encore de robustes et vaillants gaillards, mais que le pastis plus encore que le soleil a terrassé avant d'arriver jusqu'en haut.

Quelques morsures de vipères, aussi, qui malgré les titres alarmants dans les journaux du coin ont toutes été soignées rapidement à l'hôpital régional.

Mis à part cela, pas le moindre accident à signaler aux abords ni à l'intérieur de la Pyramide. Personne n'est jamais tombé de l'échelle. Personne. Il faut absolument que j'arrive à me mettre cela en tête. Débloquer cette peur stupide.

Facile dit comme ça, toujours plus difficile à appliquer.

En plus, je dois vous avouer que depuis tout petit, je n'ai jamais eu la moindre once de témérité. Quand nous y allions avec mes amis, je restais planté devant à poireauter comme un con, enviant mes potes qui descendaient à l'intérieur.

Je les enviais car dès lors qu'ils remontaient, tout émerveillés, ils me racontaient leurs sublimes découvertes… Je me sentais exclu… J'étais frustré, je n'arrivais pas à dépasser cette peur panique de franchir l'échelle…

Mes amis me rapportaient en détail ce qu'ils y avaient vu.

C'est comme cela que j'ai su que l'intérieur de la Pyramide se composait de trois salles, réparties sur trois étages différents.

Une autre échelle nous mène à la deuxième salle. Mes amis m'ont toujours assuré que l'échelle rouillée permettant d'atteindre la première salle est de loin la plus longue et impressionnante des deux. L'autre, courte, est, quant à elle, légèrement moins solide.

La troisième salle est accessible uniquement via un passage étroit et exigu. L'existence d'une probable quatrième salle ne relève que du mythe. Personne à ma connaissance n'a encore pu s'y rendre.

Moi qui n'ai jamais été jusqu'à la première, je me ronge le frein. Je me sens stupide de ne pas pouvoir partager cela avec eux.

Quand nous y allions, nous partions à trois la plupart du temps. Jean Mi, Jé et moi. Je me sentais un peu comme la dernière roue du carrosse, car j'étais le seul qui flippait de descendre. Alors bien sûr même si mes potes ne me le disaient pas de but en blanc, ils me le faisaient comprendre. Vous savez, un seul regard suffit parfois à faire passer des messages limpides.

Cela se voyait dans leurs yeux qu'ils me prenaient gentiment pour un lâche.

Tout a changé le jour où mon pote Jé est venu chez moi avec une vidéo d'un groupe de jeunes militants qui voulait en boucher l'accès.

Cagoulés, ces derniers se vantaient dans un message posté sur Twitter, de vouloir mener une action devant son entrée principale, afin, selon leurs propres mots, « *de commémorer la mémoire de ses victimes et de réparer l'histoire* ».

Ils soutenaient mordicus que la Pyramide, par le passé, avait été le théâtre de nombreux sacrifices humains… Je n'y croyais pas trop. Pour moi, ce qu'ils voulaient faire n'était rien d'autre qu'un coup de pub consistant à faire connaître leur groupuscule. Les jeunes sont prêts à tout pour quelques vues sur internet, y compris à ne rien respecter…

Je trouvais leur démarche tellement stupide et irrespectueuse.

Auparavant, ces mêmes jeunes avaient déversé de la peinture blanche sur des statues à Bordeaux…

Comment pouvait-on vouloir détériorer et dégrader quelque chose qui allait nous survivre des siècles et des siècles après notre mort ? Pour les générations anciennes, futures et présentes, l'action de ce groupuscule aux allures vengeresse, ressemblait énormément à une insulte jetée en pleine face de tous les habitants de la région.

Qu'est-ce que l'on fait lorsqu'on se sent insulter ?

On riposte.

Là, en menant cette action, ils allaient toucher à bien plus qu'un édifice, ils dégraderaient un des derniers témoins du passé.

Quelles preuves avaient-ils sur ces prétendus sacrifices ? Quels éléments avaient-ils en leur possession afin de prouver leurs dires ? Cette Pyramide, c'est un monument historique, un lieu symbolique pour plusieurs générations. Et puis le passé reste le passé… On ne peut pas détruire des monuments tout simplement parce qu'il s'y est déroulé des choses horribles. Dans ce cas, détruisons une grosse partie des monuments. Chaque monument a plus ou moins été le théâtre d'événements tragiques.

Avec cette même logique, détruisons de nombreux bâtiments Français, pour lesquels des milliers de gens sont morts dans d'atroces souffrances. Détruisons et murons les cathédrales, les chapelles, les châteaux. Faisons fondre l'or volé à l'Afrique, et ce dans toute l'Europe.

Cette cancel culture[14] portée aveuglement par le biais des réseaux sociaux, devient insupportable. Je veux

---

[14] Mouvement né aux États-Unis prônant la culture de l'effacement

pouvoir garder mon histoire, mes racines, et vivre au présent ces instants gravés.

Les transmettre à ma descendance. Mes gosses ont le droit d'y aller eux aussi. Cela fait partie de notre patrimoine régional.

Il faut agir et vite. Jé me regarde. Il lit dans mes pensées. Nous nous comprenons tous les deux. Je sais que dès demain, à l'aube, nous serons sur place, prêts à tout pour défendre notre Pyramide. Je sais aussi que Jean Mi sera présent lui aussi. Et s'il faut rameuter tous les paillous[15] du coin alors soit, nous le ferons sans hésitation. Jamais ils ne boucheront l'accès à notre Pyramide… Jamais.

Nous sommes déterminés. Très déterminés… Trop peut-être.

Après avoir tous les trois passé la soirée chez Jé, sur le coup de six heures du matin, enveloppés d'une aube orangée magnifique, nous nous engageons, motivés, sur le sentier du maquis.

Il va faire chaud aujourd'hui. La chaleur des rayons solaires cogne ma peau avec rage. Jé est devant, accompagné de sa chienne, une magnifique femelle American Staffordshire[16] terrier noire et blanche.

---

[15] Terme originaire du Sud-Ouest, désignant un homme
[16] Race de chien

Jean Mi siffle à tue-tête depuis notre départ. Il n'a pas l'air stressé.

Moi, j'ai déjà grand soif. Dans mon sac à dos, j'ai pris de quoi boire en quantité, mais j'essaie d'économiser mon eau avec parcimonie. Je ne sais pas combien de temps notre petite expédition va durer, alors, prévoyant, j'ai également pris un sac de couchage, juste au cas où. L'idée de dormir au cœur du maquis, tout près de la Pyramide, tel des guérilleros, me plaît beaucoup. Je prends cette mission de gardien avec fierté.

La tente ronde de Jean Mi valse sur son dos à chacun de ses pas. Le soleil se lève sur nous au fur et à mesure que nous nous enfonçons parmi les broussailles. Après avoir croisé une femelle sanglier accompagnée de deux de ses marcassins, terrorisés, ainsi qu'une charmante vipère aspic d'un marron envoûtant, nous arrivons enfin devant la Pyramide.

Les lieux sont déserts. Il est bien trop tôt pour y voir défiler du monde. Je m'assois sur son toit de pierres érodées et boit une grande rasade d'eau en regardant le ciel.

Je transpire à grosses gouttes.

En contrebas, le paysage est somptueux. Quand je l'observe, je me rends compte pourquoi je suis tant attaché à ma région. Sur la droite, au fond de la vallée, les villages environnants se réveillent. Le ciel bleu azur les tire de leur sommeil. La vie s'active. Les premières voitures empruntent les routes en lacets jusqu'à la ville.

Jé sort une machette de son sac. Il me sourit tout en l'agitant habilement. J'entends le bruit de la lame siffler, découpant l'air.

— J'espère que tu n'auras pas à t'en servir...

Il me fait un clin d'œil. Je ne sais pas comment dois-je interpréter ce signe... Il a l'air prêt à défendre notre territoire. Sa détermination, au lieu de me rassurer, m'inquiète grandement.

Nous attendons jusqu'à neuf heures environ. Le premier groupe de jeunes arrive. Nous nous levons tous, d'un seul trait, tels des soldats. Jé tient sa machette, pointe vers le bas, le long de son corps. Il est tendu. Je vois ses muscles du visage se crisper. Quand j'observe les jeunes présents, je ne peux m'empêcher d'esquisser un sourire narquois.

Ce ne sont que des gamins... Des gamins envoûtés par ces conneries de cancel culture, qui se sont monté le bourrichon derrière leur écran de pc.

Ils ne feront jamais le poids contre nous. À bonne distance, ils nous toisent du regard. Ils n'osent pas venir à la confrontation. Peut-être même que l'interaction s'arrêtera là. Qu'ils vont tous repartir sans tenter quoi que ce soit. Tant mieux.

J'ai pensé trop vite.

Un des leurs s'avance vers nous. Il se tient droit comme un cierge. Celui-ci, il n'a pas l'air d'avoir peur. Il est assez grand de taille, plutôt bien bâti.

— Salut. Qu'est-ce que vous faites là ? Vous êtes venus nous donner un coup de main pour boucher l'entrée ?

Jé se met à rire insolemment. Sa chienne aboie sur le jeune présomptueux.

Déterminé, Jé fixe notre interlocuteur, tout en brandissant sa machette vers le ciel. Il me fait penser à un Indien d'Amérique défendant son territoire. Un courageux Apache paré à défier l'envahisseur.

La scène est d'une beauté surréaliste. Elle aurait pu être tirée d'un film.

— Un coup de main sûrement pas, mais un coup de machette ouais ! Approche, allez viens ! dit Jé en rigolant à moitié.

Il fait peur. Je n'arrive pas à déceler dans ses yeux écarquillés s'il est en train de bluffer. Je connais mon pote, mais je ne l'avais encore jamais vu comme cela.

En tout cas, il faut croire que son petit cinéma fonctionne. Le jeune recule aussitôt. Celui-ci retourne se coller à son groupe. J'ai le cœur qui bat terriblement fort. Ma tension va exploser. Je pense aux secours si je fais un malaise… Je commence à angoisser tout seul.

Plus personne ne parle, cela m'évoque une scène de western dans laquelle chacun se jauge et s'observe, prudent, ne sachant pas qui va dégainer le premier.

Jé est chaud. Jean Mi a l'air pas mal chaud également. Même Nala, la chienne de Jé, donne l'impression de vouloir en découdre. Je semble le seul à rester sur la réserve. Plus modéré. Plus dans le dialogue et l'apaisement.

Si nous pouvons résoudre cette problématique de façon pacifiste, alors je suis preneur. Je n'aime pas la violence. Bon après, s'il le faut, je serai obligé de foncer dans le tas pour défendre mes amis, néanmoins, en aucun cas je ne veux envisager cette option.

Me battre n'est clairement pas dans mes priorités.

— Pourquoi vous nous empêchez de faire notre action ? crie un des jeunes présents. Vous savez que vous défendez un lieu de sacrifices d'enfants ?

Son visage est dissimulé derrière un large foulard noir.

— Cette Pyramide était là avant nous tous, elle fait partie de notre histoire, on a tous un souvenir avec elle… C'est aussi simple que ça. Allez jouer ailleurs bande de gamins… On ne veut pas vous faire de mal…

Une nouvelle fois, la réplique de Jean Mi me parait tirée d'un film, tellement elle sonne juste. J'ai l'impression qu'il s'est transformé en Léonidas[17] dans 300[18]. Il a prononcé ces quelques mots avec un tel charisme qu'il m'a littéralement donné des frissons dans tout le corps. Je suis fier d'être son ami. J'espère que ces petits jeunes vont comprendre... Que ses mots suffiront à les décourager.

Apparemment non. Ils s'avancent jusqu'à nous, en un bloc soudé. Ils ne sont plus qu'à quelques mètres. Derrière eux, un deuxième groupe apparaît.

Ils sont beaucoup plus nombreux cette fois-ci. Numériquement, nous sommes surpassés.

— On ne veut pas aller jusqu'à utiliser la violence sérieux, laissez-nous faire notre action...

Je regarde mes amis. Nous sommes trois, ils sont plus du triple. Un des jeunes tient à la main une batte de baseball. Pitié que tout cela ne se finisse pas en effusion de sang... Je tremble de mes quatre membres.

Cela ne sent pas bon.

Jé s'avance vers eux et sans se démonter le moins du monde, vient coller son front contre celui du porte-parole.

---

[17] Roi Agiade de Sparte de -489 à -480
[18] Film datant de 2006 sur la bataille des Thermopyles

L'ambiance est électrique. Que va-t-il se passer ?

— Papi[19], ne fais pas n'importe quoi… lui lance Jean Mi.

Jé se retourne, surpris par ce rappel. Il crache au sol et revient parmi nous, dépité.

Ouf ! Son geste de recul me soulage un peu.

— Nous pouvons peut-être trouver un terrain d'entente non ? On ne veut de mal à personne… Laissez-nous juste condamner l'accès à la Pyramide et après on repart direct ! Vous avez ma parole…

Sérieux ! Quelle condescendance… Pour qui il se prend celui-là ? Il a compris qu'on ne fait pas le poids… Il tente de prendre le dessus sur nous. En réalité, il sait qu'il l'a déjà. Nous ne sommes pas assez nombreux. Les menaces ne suffiront pas à les dissuader.

Qui pourrais-je appeler pour venir nous prêter renfort ? Je sors mon téléphone, fais défiler mon répertoire de contacts, mais je ne vois personne qui puisse nous aider. Nous devrons les affronter seuls… J'angoisse de plus belle. Dans quoi je me suis fourré ?

---

[19] Terme affectueux originaire du Sud de la France signifiant « copain »

— Vous n'êtes pas obligés de faire ça… C'est une merveille cette pyramide… Soyez pas cons les gars… je tente de leur dire calmement.

Tout part en vrille à ce moment précis. Je ne sais pas trop pourquoi mais Jé, qui se retenait depuis, pète subitement les plombs. Il se rue sur le premier gars qu'il trouve et lui a assène un énorme coup de poing en plein dans la mâchoire.

À mon plus grand dam, la bagarre commence.

Tout le monde se met à se taper dessus. Je vois Jean Mi distribuer des coups au hasard, ses poings exécutent un ballet aléatoire.

Il met à terre un premier jeune, puis un second avec une aisance déconcertante.

Moi, tétanisé, je ne bouge pas, je me tiens devant la Pyramide, démuni.

Comme d'habitude.

Soudainement, je sens quelqu'un me pousser violemment. Il m'a attaqué par surprise, de côté, je n'ai rien vu venir. J'ai juste le temps de me rattraper à l'échelle. J'ai la main droite entaillée. Elle saigne beaucoup. J'essaie de remonter mais un des barreaux de métal oxydé, jusqu'ici solide, se rompt et je bascule immédiatement à l'intérieur de la première salle de la Pyramide.

Fort heureusement, mon gros sac à dos de randonnée amortit ma chute. J'ai extrêmement mal au dos mais je suis en vie.

En haut, j'entends des cris, des bruits de coups. Je vois un de nos assaillants pousser Jé. Mon ami a moins de chance que moi, il tombe en plein sur sa jambe d'appui. J'entends le bruit de son os se briser dans un craquement horrible. Son tibia sort disgracieusement de sa jambe, déchirant sur quelques centimètres le tissu de son survêtement. Jé se met à hurler de douleur. Sonné, il se couche sur le flanc.

Ma main saigne abondamment. J'ai la paume ouverte. On peut voir la chair déchirée battre au rythme de mes pulsations cardiaques. C'est là qu'un énorme claquement résonne, comme un gigantesque pétard. Je me mets à paniquer. La détonation s'apparente à un tir d'arme à feu…

Tout de suite je pense à Jean Mi.

À l'aide de ma main valide, je sors mon téléphone et appelle les secours. La femme au bout du fil me demande ma localisation et me dit dans la foulée qu'ils vont nous envoyer l'hélico de sauvetage.

Plus haut, le tumulte a cessé. Jé est dans les vapes. Il a enroulé son tee-shirt blanc autour de sa jambe pour faire un garrot. Le sang a déjà presque entièrement recouvert son vêtement. Son artère fémorale semble touchée. J'espère que ça va aller. Où est donc passé

Jean Mi ? Et s'il s'était fait tuer par le groupe de jeunes militants ?

Jé commence clairement à tourner de l'œil. Paniqué, je vois qu'il est en train de perdre connaissance.

— Jé mon pote ! Ne t'endors pas…Reste avec moi…

Il me regarde et sourit légèrement. Je n'arrive pas à savoir s'il m'a compris. Une chose est sûre, il ne va pas tarder à tomber inconscient.

Ma main me fait un mal de chien.

La lumière du soleil se déverse jusqu'à nous, en cascade. Un halo lumineux nous englobe. Je vois une, puis deux, puis trois personnes se pencher sur le trou, nous surplombant. Je ne distingue pas leurs visages à cause du contre-jour. Je prie pour que ce soit les secours.

— Les gars ça va ?

C'est Jean Mi. Je suis tellement content de percevoir sa voix. Elle résonne, tel un écho à l'intérieur de la Pyramide.

— Ouais mais Jé a la jambe défoncée, il va bientôt s'évanouir, j'ai appelé les secours, je lui crie.

— Ok. On les attend avec vous. Restez calmes.

Je ne comprends pas trop ce qui s'est passé en haut. Pourquoi ont-ils tous arrêté de se battre subitement ? Ont-ils pris conscience de leur bêtise ?

Je n'ai pas la réponse. À ce moment précis, je m'en contrefiche. Mon but est de savoir si mon ami va s'en sortir. À ce moment-là, plus rien d'autre n'a d'importance.

Comme un soulagement, le moteur de l'hélico se fait enfin entendre. Je vois sa longue silhouette massive apparaître dans le ciel bleu azur. Jé est inconscient. Un sauveteur descend nous rejoindre. Il demande à ce que l'on lui envoie le treuil afin de l'extraire de la première salle.

L'opération est délicate.

— On sort d'abord ton pote et je reviens te chercher juste après… me dit-il.

Je ne suis pas rassuré. C'est la première fois que je me retrouve seul, à l'intérieur de la Pyramide. Le cadre est magnifique, toutefois l'expérience est flippante.

Devant moi, un visage sculpté à même la roche me regarde. Il a l'air vivant. Les rayons du soleil l'illuminent, comme s'il s'agissait de projecteurs de poursuite, spécialement disposés de la sorte afin de l'éclairer.

J'ai l'impression que le visage me fixe. Je vois sa bouche se tordre. Ses yeux sont en colère. Je dois halluciner. Ma blessure me fait probablement perdre la raison…

— Ne viens plus jamais ici… Plus jamais Olivier… Tu m'entends !

Je ne rêve pas, le visage sculpté vient de me parler. Je hurle de terreur.

— Ohhh venez m'aider là-haut ! Je suis toujours là !

Personne ne me répond. Le silence a envahi les lieux. Je distingue toujours le bruit des pales de l'hélicoptère. Je le vois prendre son envol, passer juste au-dessus de ma tête. Il s'en va sans moi. Putain ! Mais où est donc passé Jean Mi ?

Des silhouettes floues s'approchent du bord. Je les appelle à l'aide. Je n'arrive pas à distinguer leurs visages.

— Ehh ohhh ! Je suis en bas ! Je suis blessé moi aussi ! Venez me chercher !

Elles se mettent à rire. Leurs rires sont étranges, passant soudainement des aigus aux graves, ils résonnent sur les parois de la Pyramide. La peur me submerge. Jean Mi me fait une blague c'est obligé… Mon cœur cavale puissamment. La sueur perle sur mon dos, dégoulinant le long des mes omoplates. La crise d'angoisse me guette.

Tout à coup, j'entends une sorte de grondement derrière moi. Je n'ose pas me retourner tellement je flippe. Je ferme les paupières. C'est alors que deux immenses mains sorties de l'obscurité m'attrapent de chaque côté par les épaules et m'entraînent avec elles vers le fond de la Pyramide. Je hurle de toutes mes forces. Les ténèbres apparaissent.

Lorsque je reprends mes esprits, je me trouve chez Jé. Assis dans son fauteuil en cuir, ce dernier me fixe avec malice. Il est presque vingt-trois heures trente. Jean Mi est là lui aussi. Tous deux me regardent, amusés.

— Putain je crois que je me suis endormi les gars…

Jean Mi se met à glousser.

Sur la table basse du salon, des cristaux de DMT[20] sont éparpillés un peu partout, parmi d'autres objets : un briquet bleu, des feuilles à rouler, un paquet de cigarettes, quelques canettes de bières.

— Papi, tu nous as fait flipper… on a cru que t'allais rester perché… me lance alors Jé.

— T'en a pensé quoi Olivier ? Elle est bonne hein ? J'ai bien fait de la commander sur le site de mon pote… ajoute Jean Mi calmement. On ne la trouve que sur internet celle-ci.

Je ne comprends pas trop ce qui vient de m'arriver. Je me souviens juste avoir fumé… Puis m'être assoupi. J'ai l'impression d'être parti des heures et des heures. Je suis décalé. Ma tête et mon corps sont lourds. Je me rappelle pourtant notre discussion. De

---

[20] Substance psychotrope puissante

notre volonté d'aller défendre la Pyramide. La soirée chez Jé… L'arrivée de Jean Mi…

Motivé, je me lève d'un bond. Je suis encore trop fébrile. Je vacille et m'affaisse à nouveau sur le canapé. Je dois me rendre à l'évidence, même avec la meilleure volonté du monde, je ne tiens pas debout.

Pourquoi Jé et Jean Mi restent-t-ils immobiles ? Pourquoi ont-ils cet air moqueur lorsqu'ils me regardent ? Pourquoi j'ai l'impression que leurs yeux sont écarquillés à outrance ? Pourquoi les lieux qui m'entourent ondulent de la sorte ?

— Les gars, on va toujours à la Pyramide demain matin ? Parce que je ne sais pas trop si je pourrais, je ne me sens pas au top…

Tous deux me dévisagent, étonnés, comme si j'avais sorti une énorme connerie.

— La Pyramide ? Quelle Pyramide ? De quoi tu parles ? T'es encore défoncé fada[21] ! me lance alors Jé.

Ils explosent d'un rire franc et bruyant.

Je ne comprends rien…

Aurais-je tout inventé ? Non, cette Pyramide existe… J'en suis sûr… Je l'ai vu, tout môme… J'y été…

---

[21] Expression affectueuse du Sud de la France signifiant « ami »

Plusieurs fois, avec eux… Je suis même tombé de l'échelle, dans la première salle…

Je tente une nouvelle fois de me lever. Cette fois mon crâne me fait hurler de douleur. Je perds l'équilibre et tombe immédiatement sur le sol. Jé et Jean Mi s'approchent de moi. Mes paupières se ferment. La lumière disparait progressivement. Au loin, j'entends le ronronnement d'une machine. Cela ressemble à un vibreur de téléphone.

« *Zzzzzzzz…* »

Le bruit se rapproche.

Un long bip continu émerge alors, me surinant les tympans.

Lorsque je me réveille, je suis dans un lit d'hôpital. Il n'y a personne. Je me retrouve seul dans cette grande chambre aux murs blancs. Déboussolé, je scrute un peu partout.

Qu'est-ce que je fous là ?

Jute à côté de moi, sur ma gauche, un électrocardioscope émet désormais des petites ondes aigues régulières. Je soulève mon bras et remarque les multiples branchements. J'ai des électrodes disséminées partout sur mon corps, poitrine, jambes, torse. Une poche de perfusion est accrochée sur une perche métallique située tout près de mon lit. Un fin tuyau de plastique transparent la relie à ma veine. Un plâtre recouvre ma main.

Que s'est-il donc passé ?

Des bruits de pas pressés s'activent dans le couloir. Quelqu'un approche.

Un homme en blouse blanche entre. Il semble plutôt âgé, d'après les rides prononcées sur son front et ses tempes grisonnantes.

— Vous êtes enfin réveillé Mr Tampigny. Comment vous sentez vous ?

Je ne pige rien. Tout s'entremêle dans mon esprit.

— Pourquoi suis-je ici ? je lui dis, paniqué.

Mon cœur s'emballe furieusement. Le bip de la machine accélère sa cadence. Les ondes sonores se suivent, se chevauchant presque. Il faut absolument que je me calme.

— Vous ne vous rappelez de rien ? Vous avez fait une sacrée chute.

Un flash de la soirée passée chez Jé me revient, rapide. Je me rappelle m'être évanoui dans la salle à manger, d'un seul coup, tout près de la table basse.

— Pas trop, je lui réponds. C'est un peu flou.

— On vous a retrouvé à la Pyramide de Falicon[22]. Vous étiez mal en point. Vous avez eu beaucoup de chance que les secours soient arrivés à temps…

Il me sourit, puis enchaîne, comme s'il devait s'en aller.

— Bon je vais appeler l'infirmière et on va faire quelques examens pour vérifier vos constantes. Si tout va bien vous serez sorti d'ici mardi.

Je reste bouche bée. Je suis totalement perdu entre les différentes réalités.

— Mais… je balbutie… La Pyramide existe ou j'ai tout inventé ? je lui demande avant qu'il ne quitte la chambre. J'ai l'impression de devenir fou…

De nouveau, l'homme esquisse un grand sourire.

— À votre avis Mr Tampigny ?

Il me dévisage quelques instants et se dirige vers la porte.

— Allez, bon rétablissement, courage surtout…

---

[22] Village situé sur les hauteurs de Nice

# 4

# Andréa

*Service Spécial*

« *Le pouvoir corrompt* absolument tout. »

Anonyme

Quand Vanessa m'a expliqué le concept de sa nouvelle activité, je vous avoue que j'ai immédiatement été dégoutée. Enfin ce n'est pas totalement vrai, j'ai d'abord été choquée. Outrée même. Outrée, oui, c'est plutôt cela le terme exact.

Je me suis demandé ce qui pouvait bien lui passer par la tête pour qu'elle en arrive à se mettre dans des situations pareilles… De plus, qu'elle veuille par la même occasion m'entraîner au cœur de ce qui, selon moi, ressemblait beaucoup à du proxénétisme, me laissait dubitative.

Comment pouvait-elle croire que ce genre de choses m'intéressaient ?

Si nous revenions ne serait-ce que deux ans en arrière, il était impossible que Vanessa, cette grande métisse pimpante, jolie, bien foutue et intelligente, que je connaissais depuis l'école maternelle, en vienne à se rabaisser de la sorte pour de la thune.

Pourtant, je ne mens pas. Tout ce que je vous raconte ici n'est que la stricte vérité.

Combien de fois, je me suis pris la tête avec elle… On s'est mal parlé… Je lui ai sorti mes quatre vérités… Combien de fois, elle m'a traité de sorcière, d'ignorante... De « *pauvre meuf...* »

« *Pauvre meuf...* » Je crois que c'est la pire insulte pour une femme.

Blessante et déroutante à la fois.

Selon Vanessa, je n'arrivais pas à comprendre que le Moyen âge était terminé, je n'arrivais pas non plus à assimiler que les temps avaient changé et qu'il fallait faire avec…

L'évolution…

En lui sortant en pleine face ce que j'estimais être ma vérité, je ne la respectais pas. De même, je manquais de respect aux femmes indépendantes qui voulaient s'en sortir seules, en bousculant les codes et les mentalités.

Du coup, mes reproches englobaient également toutes ces femmes « *libérées* » qui pensaient faire un pied de nez au patriarcat, mais qui paradoxalement se jetaient à brides abattues à l'intérieur de ses larges filets…

Franchement, quand je repense à ses réponses stupides qu'elle m'a balancées pour tenter de se défendre… Cela frisait le ridicule.

Elle avait beau tenter de me convaincre, de jouer son ode au féminisme, pour moi, ce qu'elle faisait s'apparentait purement et simplement à de la prostitution. N'ayons pas peur des mots.

Elle vendait son corps comme un vulgaire bout de viande sur un étal de marché.

Alors oui, je lui ai sorti ce terme tabou sans prendre de pincettes et clairement, cela ne lui a pas plu… Qui aurait aimé entendre de telles choses ? Mais je le pensais sincèrement… Comment le lui cacher ?

Je n'ai jamais réussi à lui mentir, tout simplement parce que je suis son amie, et en tant qu'amie, je ne veux que son bien.

Vanessa m'en a grave voulu. Peu importe que cela lui plaise ou non, je lui ai toujours dit ce que j'avais sur le cœur. Lorsque l'on voit son amie d'enfance déconner et partir en vrille alors, on est obligé de tout faire pour la tirer vers le haut.

En tout cas, c'est ma vision des choses.

Quel genre d'amie te caresse systématiquement dans le sens du poil ? Te ment pour te préserver de tes propres conneries ? Ne te met pas face à tes manquements et erreurs ?

Moi, je ne suis pas fausse, ou hypocrite. J'ai mon caractère, je suis une sanguine, une impulsive, et je ne pouvais aucunement laisser Vanessa se détruire de la sorte pour des euros.

À notre époque, ce type de situations se démocratise. La femme se libère. Elle monnaie son image et son corps sans la moindre gêne. Certaines vendent même l'eau de leur bain ou leurs culottes menstruelles, souillées bien sûr, pour les plus aventureuses…

Tout simplement répugnant.

Je pense sincèrement que l'on a atteint des sommets dans l'immoralité, que nous continuons sans cesse, de repousser toujours plus hauts…

S'il y a des imbéciles et des déviants à qui cela plaît, qui sont assez cons et pervers pour acheter ce genre de débilités, alors tant mieux pour celles qui les vendent…

Cependant, je trouve cela assez triste. Nous n'avons pas besoin d'exister, nous les femmes, que sous formes d'objets du désir !

Nous possédons tant d'autres atouts plutôt que toujours nous résumer au sexe et aux fantasmes masculins.

Vanessa ne comprenait pas ce point de vue. Pour moi, nous avions toutes (*les femmes dans leur globalité*) assez subi comme cela. Pourquoi devenir les caricatures de ce que l'on défend ?

Perso, tout cet engouement autour de cette soi-disant libération me dérangeait et me dérange toujours d'ailleurs. Mais cela ne reste que mon humble avis. Vanessa ne le partageait pas et en réalité, tant pis. Des milliers de femmes, peut-être même des millions que sais-je, ne doivent pas non plus le partager. Certaines d'entre vous, qui me lisent aujourd'hui, ne sont probablement pas d'accord avec moi.

Vous savez quoi ? Je n'en ai rien à foutre. Je reste moi-même. Ne pas perdre la face est crucial, lorsque l'on veut garder ne serait-ce qu'une once de crédibilité.

Pour revenir à l'histoire de mon amie Vanessa, les réseaux sociaux n'ont rien arrangé… Il ne faut pas se mentir. Je dirais que ce sont eux la cause principale de sa dérive.

Si elle n'avait pas eu accès à cette annonce déposée sur Snapch*t, alors je suis convaincue que ce genre de travail, si on peut appeler cela un travail, ne lui serait jamais venu à l'esprit.

Si elle n'avait pas passé son temps devant des vidéos d'escortes[23], dans lesquelles celles-ci vantaient les mérites de ce qu'elles appelaient publiquement leur «*job*», Vanessa ne se serait probablement jamais retrouvée au cœur de cette spirale infernale.

C'est donc en connaissance de cause qu'elle a répondu à cette annonce. Elle a enregistré le numéro de portable notifié en bas, et quelques heures après, elle a eu un homme au téléphone.

---

[23] Personne proposant des accompagnements tarifés, sexuels ou non

Vanessa a échangé avec lui pendant de longues minutes. Je le sais, car je suis rentrée du boulot pile à ce moment précis.

C'était comme si le destin me lançait des signaux. Comme si la vie avait tout fait pour que j'écoute cet échange.

Entre colocataires, nous partagions beaucoup, à l'époque. Alors elle a mis le haut-parleur. Ce que j'entendais m'indignait, cependant, je ne disais rien. Je lui faisais de grands signes pour qu'elle raccroche d'avec ce type, qui, pour moi, s'apparentait clairement à un proxénète.

Le pire dans tout cela, c'est que malgré ma réticence, Vanessa a voulu m'embarquer avec elle dans cette folle histoire. Cela ne partait pas d'un mauvais sentiment, je le conçois. Je pense plutôt qu'elle avait besoin de moi à ses côtés.

C'est souvent plus simple de vivre une nouvelle expérience à deux que toute seule.

Dès qu'elle a enfin raccroché, c'est comme si le type au téléphone lui avait lavé le cerveau. Elle a immédiatement essayé de me vanter les bienfaits de l'escorting. Elle paraissait tellement naïve, avec sa frange et ses grands yeux verts écarquillés à outrance. Je me souviens m'être moqué d'elle.

Au début, je pensais qu'elle n'était pas sérieuse, qu'elle me faisait marcher.

Mais non, Vanessa venait littéralement de se faire embobiner.

Il se trouve même qu'un peu plus tard, après cet appel – Kim – car c'était le prénom du gars, en bon mécène, lui avait gentiment proposé, spécialement pour elle bien entendu, de créer un duo d'escortes de choc.

La blonde, moi, et la métisse, Vanessa, pour accompagner des vieux libidineux à des repas et dans des soirées de gala. Il a évoqué la notion de « *mixité* ».

Quel culot !

Bien entendu, j'ai tout de suite refusé. J'ai une famille, une fierté surtout. J'ai toujours préféré gagner mon argent honnêtement, plutôt que l'on se serve de mon corps comme d'un vulgaire objet.

Je m'en tape que les temps aient changé, que nous soyons en deux-mille-vingt-trois, que la femme se sente libérée…

Bla-bla-bla.

La morale et l'éthique ne s'achètent pas.

Tout est parti en vrille après cela. Le soir même, nous avons eu une discussion animée. Vanessa s'est vexée. Elle ne pigeait pas ma décision. Elle m'a presque supplié à genoux de l'accompagner, juste une fois, pour je cite : « *tester l'expérience* ».

Je n'ai pas cédé. C'est d'ailleurs pour cela que notre relation amicale s'est dégradée.

Dès le lendemain de notre dispute, Vanessa ne rentrait quasiment plus à l'appart. Elle avait accepté de travailler pour Kim. Tous les soirs elle partait en soirée, elle accompagnait des hommes à des diners. Je la voyais, sapée, excessivement maquillée.

Chaque nuit, elle découchait. Parfois, cela pouvait même durer des week-ends, voire des semaines entières.

Les Baléares, l'Italie, les Maldives, la Suisse, Dubaï... Elle enchaînait ce qu'elle appelait vulgairement des « *missions* ». Comme si elle faisait partie d'une boite d'intérim. Je ne voulais pas savoir jusqu'où ces soi-disant « *missions* » pouvaient la mener.

Curieuse, je jetais régulièrement un œil à son Sn*p et son compte Inst*gram. Madame menait la grande vie. Hôtels de luxe, plages de sable fin, piscines à débordement, cocktails... Le rêve de tout un chacun.

Pour vous dire la vérité, j'étais jalouse de ses voyages... Oui je l'avoue... Moi qui galérais tous les matins dans les embouteillages franciliens pendant des heures pour un salaire à peine décent, cela me rendait folle de la voir autant voyager.

Il est vrai que quand j'ai vu son train de vie la première fois, cela m'a fait tout drôle. Certes je l'enviais, mais pour rien au monde, j'enviais la manière dont elle obtenait son argent.

La nuit, je rêvais d'elle. Je l'imaginais coucher avec des hommes dont je ne distinguais pas les visages. Je l'entendais pleurer. J'étais présente dans un coin, l'observant, simple spectatrice, impuissante. Toutes ces scènes me répugnaient vivement. Mon sommeil était perturbé par ce genre de cauchemars récurrents. Je dormais mal, j'avais les yeux cernés.

Je m'inquiétais pour elle.

Alors, malgré les prises de têtes que cela nous apportait, j'ai essayé de la dissuader de continuer… Durant une de ses rares soirées libres, je l'ai invitée à manger dans un petit resto, afin de lui donner mon opinion sur ses « *missions* ».

Sans le vouloir, notre dîner s'est transformé rapidement en leçon de morale. Elle l'a mal pris. Malheureusement, la discussion a provoqué l'inverse de l'effet escompté.

Vanessa m'a fait comprendre que mon avis ne faisait pas le poids face aux liasses de billets qui s'empilaient. Face aux cartes d'embarquement, face aux vieux qui lui offraient des bijoux… Qu'est-ce que je pouvais lui apporter ? Moi, pauvre petite comptable sans oseille ! Sortir ? Elle le faisait déjà, et dans des palaces, des cinq étoiles… S'amuser… Sa conception de l'amusement ne ressemblait plus du tout à la mienne.

Nous ne partagions plus rien.

Nos chemins devaient se séparer. Plus pour mon bien que pour le sien, égoïstement. Elle était perdue et je n'avais aucune boussole en ma possession lui permettant de retrouver son chemin.

J'étais dépassée.

Un soir, quand elle est rentrée, elle est venue frapper à la porte de ma chambre pour me dire qu'elle allait se faire refaire la poitrine. Vanessa voulait une augmentation mammaire. Je ne lui ai même pas répondu. J'en avais marre de ces conneries. Je n'ai jamais compris pourquoi elle désirait tant avoir mon avis sur cette opération, étant donné que lorsque je le lui donnais, nous nous prenions la tête.

On s'est de nouveau embrouillées. En rage, elle a claqué la porte et s'est barrée de l'appartement.

« *Bon débarras !* », j'ai pensé sur l'instant.

Elle m'avait clairement exaspérée.

Je ne l'ai revu que deux jours plus tard, en coup de vent. Nos regards se sont à peine croisés.

Au bout d'un an, nous n'étions plus que colocataires par intermittence. Peu à peu, le bonheur et la confiance que je pouvais auparavant observer en elle se sont totalement dissipés. Vanessa est devenue triste. Elle était marquée physiquement. Elle avait d'énormes poches de fatigue sous les yeux, qu'elle dissimulait derrière d'épaisses couches de maquillage. Elle payait sa part de loyer tous les mois, comme d'habitude, mais nous ne communiquions plus du tout.

Lorsqu'elle rentrait, la plupart du temps, je dormais, et inversement. Elle s'est progressivement métamorphosée en une sorte de fantôme, morose, errant dans l'appartement.

Les rares fois où nous nous croisions, je sentais qu'elle hésitait à me dire quelque chose d'important, comme quelqu'un qui cherche à attirer votre attention. Cela se lisait dans ses yeux qu'elle avait envie de me révéler ses secrets. Je ne sais pas pourquoi, je pressentais qu'elle portait en elle des choses lourdes, pesantes nécessitant une écoute.

Elle ouvrait les lèvres, hésitante, puis les refermaient. Peut-être avait-elle peur de ma réaction ? Peut-être pensait-elle que j'allais la juger…

J'avais vu juste.

Vanessa a commencé à se droguer sans que je m'en rende compte. Un après-midi, alors que je rentrais du boulot, je l'ai retrouvé inconsciente sur le carrelage de la salle de bain.

J'ai appelé le SAMU. Une ambulance est venue la chercher, l'a emmené à la clinique. Je l'ai suivi en voiture. J'étais stressée. Je voulais être présente pour elle, malgré nos différends.

C'est ce jour-là, que j'ai appris son addiction aux amphétamines. Et moi, sa meilleure amie, je n'avais rien vu pendant tout ce temps… Je m'en voulais de l'avoir laissée sombrer là-dedans. Peut-être aurais-je dû être plus persuasive, me montrer plus violente dans mes propos…

Vanessa était en train de se détruire et je n'avais pas su l'en empêcher… J'ai commencé à culpabiliser. Je savais pourtant que rien de ce qui venait de lui arriver était ma faute… Je me sentais hyper mal pour elle.

Il fallait agir rapidement. Tout n'était pas encore perdu.

Logiquement, je lui ai rendu visite à l'hôpital durant toute sa convalescence, et ce dès que je le pouvais. Nous parlions un peu. Elle était allongée sur son lit, seule, et semblait plus ouverte à la discussion. J'avais l'impression qu'elle commençait à changer.

Ce malaise avait réveillé en elle quelque chose de positif. Il fallait continuer dans cette direction. En aucun cas, je ne pouvais la laisser tomber. Je me suis alors montrée la plus présente possible.

Quand Vanessa est rentrée de son hospitalisation, elle est restée pas mal de temps à se reposer à l'appart. Elle était toujours faible et fragile psychologiquement. Ses « *missions* » l'avaient détruite.

J'ai pris la décision de poser une semaine de congés, spécialement afin de passer du temps avec elle. Nous pouvions enfin rattraper tous ces moments que nous avions perdus au cours de l'année précédente.

Notre complicité est revenue progressivement.

Le premier jour, Vanessa ne parlait pas beaucoup. Elle était trop fatiguée et je pense surtout qu'elle avait honte.

Chose positive, le sevrage se passait bien. Le traitement qu'elle prenait, la maintenait dans un état de somnolence avancée, mais au moins, elle arrivait à discuter avec moi sans s'énerver.

Ce changement comportemental, synonyme d'une grande progression, me redonnait tout de même de l'espoir.

Vanessa faisait des efforts.

Lorsque je me penchais un peu plus sur son état physique, que je regardais ses ongles rongés, ses mains tremblantes, cela me rendait triste. Paradoxalement, malgré les conditions assez particulières qui nous avaient de nouveau réunies toutes les deux, je me trouvais heureuse de pouvoir enfin profiter de ma meilleure amie.

Le troisième jour, nous avons parlé presque toute la nuit. C'est là qu'elle s'est livrée. Elle était assise sur le canapé, je lui faisais face, confortablement installée dans mon fauteuil, la tasse à la main. On aurait dit une séance de thérapie.

Elle a marqué un court temps d'hésitation, puis s'est lancée. Je l'écoutais avec intérêt.

Elle m'a raconté que durant une des soirées en Suisse, à laquelle elle participait, il y a de cela quelques mois, elle s'était retrouvée dans un immense chalet luxueux sur les hauteurs du lac Léman[24]. Il y avait des célébrités, des gens « *importants* ».

Le genre de personnes puissantes et influentes. L'élite. Tout ce que je déteste. Son histoire m'a immédiatement fait penser à l'affaire Epstein[25]. Bien évidemment, je ne lui ai rien dit. J'avais vu le documentaire à l'époque sur Netflix et je n'en gardais pas vraiment un très bon souvenir.

Le type qui l'avait invitée là-bas, un juge, était apparemment très connu en France. Quand Vanessa me relatait son récit, j'examinais ses mains avec attention.

Celles-ci tremblaient nerveusement.

Du coup, la sentant fébrile, j'ai trouvé bon de l'interrompre en lui disant de ne pas continuer, qu'il était préférable que l'on s'arrête là. Cependant, elle a tout de même insisté pour aller jusqu'au bout. Plus

---

[24] Grand lac situé en Suisse
[25] Homme d'affaires et criminel sexuel Américain

elle me décrivait la soirée, plus j'étais horrifiée. La drogue, le sexe, l'alcool. Tout semblait tellement excessif, tellement irréel.

Elle m'a dit que ce soir-là, elle avait bu plus que de raison et gobé deux pilules d'ecstasy.

Ensuite, un des gars présents, un jeune homme plutôt beau gosse, l'avait fait montée à l'étage. C'est là qu'il l'aurait entraîné de force dans une des pièces du chalet, aurait refermé la porte à clefs derrière lui et l'aurait insulté à plusieurs reprises.

Mon sang bouillonnait. J'étais submergée par la colère et surtout dégoutée que ma meilleure amie ait pu vivre cela.

Selon ses propres mots, le gars en question l'aurait ensuite roué de coups violemment, jusqu'à finir par la violer.

Il lui aurait lancé :

« *Tu es là pour ça de toute façon... Mais ne t'inquiète pas, je n'abimerai pas ton joli visage* ».

En prononçant cette phrase rapportée, je voyais dans les yeux de ma meilleure amie, qu'elle revivait la scène.

Ses mots étaient tellement durs à entendre.

Si inconcevables pour le commun des mortels. Comment pouvait-on violer quelqu'un sans que personne n'intervienne ?

Vanesse s'est effondrée. Elle s'est mise à pleurer devant moi. Ses lèvres frémissaient, tordues par les sanglots. Je suis venue m'assoir à côté d'elle, je lui ai caressé le dos. Elle frissonnait. J'ai senti ses côtes saillantes sous ma main.

À ce moment précis, je ne savais pas encore que le pire allait venir. Déjà, la situation qu'elle venait de me décrire me rendait dingue. J'essayais de garder mon calme malgré tout.

Elle avait besoin que je la soutienne, pas que je pète un plomb. Au fond de moi, je ne pensais qu'à une autre chose : la venger de cette pourriture.

Vanessa a continué son récit et m'a dit que lorsqu'elle se trouvait sur le lit, en pleurs, le juge a fait irruption au milieu de la chambre.

Naïvement, elle a pensé qu'il allait venir à son secours. Au contraire, celui-ci l'a frappé et s'est mis lui aussi à la violer. Son premier agresseur le regardait faire, filmant la scène, debout dans un coin de la pièce. Elle m'a décrit son air vicieux avec une telle précision que cela m'a fait froid dans le dos.

Comment pouvais-je concevoir ce genre de choses ? Durant un instant, je me suis tout de même posé la question si elle n'était pas en train de me mentir…

Cela me paraissait trop gros pour être vrai. On aurait dit un scénario de film d'horreur.

Vanessa s'est alors arrêtée. Prostrée et en larmes, elle s'est de nouveau réfugiée contre moi. J'ai senti son cœur palpiter. Cela m'a fait bizarre. Il battait tellement vite et fort…

Sur l'instant, j'ai bien cru qu'il allait exploser.

Jamais, depuis que nous nous connaissions, nous ne nous étions rapprochées de la sorte. Jamais je n'avais dû la consoler. Jamais je ne l'avais vue dans un tel état.

Ma meilleure amie souffrait, cet épisode traumatique l'avait marquée, et même si j'étais là, à ses côtés, je ne pouvais plus faire machine arrière. Personne ne pouvait d'ailleurs. Comme j'aurais voulu remonter le temps… Comme j'aurais voulu rentrer dans son histoire et défoncer ces enfoirés de violeurs…

Après quelques minutes à sangloter contre moi, Vanessa s'est enfin calmée. Moi qui pensais qu'elle avait terminé ses confidences, je l'ai vue repartir de plus belle dans un long monologue.

Elle m'a raconté qu'ils l'avaient insulté en riant, qu'ils lui avaient ensuite balancé deux billets de cinq cents euros en pleine gueule, comme à une vulgaire prostituée qu'on désire humilier. S'ensuivirent crachats, insultes et d'autres choses bien plus immondes, que je ne pourrais relater ici.

Des choses qui prouvent que l'espèce humaine est en totale perdition.

Je la plaignais de toute mon âme, j'avais mal au cœur pour elle. Je comprenais mieux son addiction… Je comprenais mieux son regard triste. Elle avait vu à quoi ressemblaient les abîmes... Elle avait été confrontée aux côtés les plus sombres de l'humanité. Dire que tout cela ne partait que d'une simple annonce postée sur internet…

Pour finir, elle m'a avoué qu'elle regrettait sa rencontre avec Kim. Qu'elle regrettait de ne pas m'avoir écoutée. Elle s'est excusée. Et surtout, ce qui m'a profondément émue, c'est ce « *merci Andréa* », soufflé avec tant de sincérité et de tristesse, que je me suis mise à chialer comme une madeleine.

Je n'ai pu contenir mes larmes.

Même si je n'avais pas vécu ce calvaire, je ressentais tout le mal qu'elle avait pu subir. Était-ce cela le prix du bonheur ? Se faire violer, frapper, humilier par des riches sans scrupules ? Horrible. Je lui ai conseillé de porter plainte mais les choses paraissaient bien plus complexes que cela.

La peur l'empêchait d'agir.

Face au pouvoir du fric, les gens comme nous ne peuvent pas faire grand-chose.

Le pire, c'est que Vanessa était toujours prisonnière de son activité. Apparemment, ce genre d'agissements dont elle avait été victime en Suisse, étaient fréquents dans le milieu. Et tout le monde fermait les yeux, y compris les autorités. Quand l'argent règne, le monde devient aveugle et silencieux… J'étais scandalisée. Je me sentais totalement impuissante.

À la fin de ma semaine de repos, j'ai malheureusement dû reprendre le boulot. Même si je ne voulais pas la laisser seule à l'appart, je n'avais pas le choix.

Lorsque quelques temps après Vanessa m'a confirmé qu'elle ne voulait plus continuer l'escorting, j'étais tellement heureuse. Bien qu'elle ne savait pas trop comment elle allait s'y prendre pour s'échapper de ce bourbier, sa démarche me rassurait grave. Le gros problème, c'est qu'elle était encore liée par contrat avec Kim.

Je me suis renseignée auprès d'un ami avocat, je l'ai invité à l'appart, nous avons beaucoup discuté tous les trois, et il a promis de l'aider bénévolement. Son histoire émouvante l'avait beaucoup touché. Preuve qu'il reste encore un peu d'espoir dans ce monde…

Peu à peu, grâce au soutien apporté, Vanessa a fait peau neuve, elle s'est remise sur pied. Elle a désinstallé Snapchat de son portable, elle a bloqué Kim. Plus de missions, plus de messages, plus de sorties. Tout était redevenu comme avant. Ma pote reprenait sa vie en main.

J'étais tellement fière d'elle.

Je suis rentrée chez moi, un soir, harassée. J'avais mal partout, je m'en souviens encore. Quand j'ai tourné la clef dans la porte, j'ai eu comme un pressentiment étrange. On dit que les femmes possèdent un sixième sens, je l'ai vraiment ressenti ce soir-là. J'ai couru instinctivement jusqu'à la chambre et j'ai vu Vanessa, étendue sur le lit, baignant dans son vomi.

À côté d'elle, une boite d'anxiolytiques. J'ai tout de suite compris.

Paniquée, j'ai appelé les pompiers. Ils sont venus rapidement. Par chance, leur caserne se trouve juste à côté de l'appartement. Les secouristes présents m'ont fait comprendre qu'elle avait tenté de mettre fin à ses jours. Au départ, je n'ai pas compris pourquoi. Je n'y croyais pas.

Puis, après m'être un peu calmée, je suis repartie dans sa chambre. C'est là que j'ai trouvé sa lettre, dissimulée sur la table de chevet, juste en dessous du socle de la lampe.

Les larmes aux yeux, je l'ai attrapée et dans la foulée, l'ai lue jusqu'au bout. J'ai failli m'évanouir.

Je ne vous ferai pas de description détaillée du contenu de cette lettre, par respect pour elle. Ce qu'elle m'y a décrit est tellement horrible, vicieux et malsain que cela pourrait clairement heurter la sensibilité de certains d'entre vous.

J'ai pris conscience qu'elle ne m'avait pas tout raconté la dernière fois lors de notre échange. Elle avait probablement voulu me préserver de tout cela.

Néanmoins, le fait de ne pas s'être livrée totalement a causé chez elle une telle frustration, qu'elle en est arrivée à vouloir en finir définitivement.

Les séquelles physiques et psychologiques étaient trop ancrées.

J'ai compris l'immense tristesse qui la rongeait. Moi-même, je n'aurais pas supporté ne serait-ce que le quart de ce qu'elle a vécu, tous ces actes infligés, ces insultes, ces humiliations.

Inconcevable, même pour des milliers d'euros.

À l'heure où je vous écris ces mots, Vanessa est toujours hospitalisée, elle va mieux. Elle se remet doucement de cette année d'escorting qui a pourri sa vie plus qu'elle ne l'a véritablement embellie. Elle se reconstruit. Je vais souvent lui rendre visite.

D'ailleurs, je dois aller la voir aujourd'hui. Je suis un peu à la bourre, comme d'habitude. Cela fait deux mois que je passe régulièrement. Le processus de guérison est long, mais nécessaire.

Lorsque j'arrive dans la chambre, Vanessa n'est pas là. Immédiatement je me dirige vers la porte de la salle de bain. Je toque trois fois, j'insiste un peu. Elle est peut-être endormie. Personne. Je jette un œil à l'intérieur de son armoire, ses affaires se sont volatilisées.

Apparemment, mon amie a quitté sa chambre.

Un peu étonnée, je pars à la recherche de quelqu'un capable de me renseigner. Après avoir fait le tour du couloir, je trouve enfin un infirmier. C'est un homme, il semble assez jeune. Les boutons de sa blouse sont mal attachés. J'ai presque envie de lui en faire la remarque, mais je m'abstiens. Je ne veux pas lui paraître impolie.

Il m'explique gentiment qu'un homme est venu la chercher plus tôt dans l'après-midi. Il me le décrit physiquement.

Sa description ne me dit rien.

Qui a pu bien pu venir chercher Vanessa ? Pourquoi ne suis-je pas au courant ?

Mon téléphone se met à vibrer. Me confondant en excuses, je remercie le jeune infirmier poliment et me presse pour répondre.

Vanessa m'appelle.

« *Salut Andréa, je suis avec Kim là, je voulais te demander si tu étais à l'appart car je dois récupérer des affaires* » me dit-elle sur un ton très calme, à la limite du chuchotement.

Je reste sans voix. Que fout-elle avec ce sale type ? Perturbée, je ne trouve aucun mot.

« *Allo, t'es là ? Andréa ?* »

Je ne sais pas si je dois l'envoyer balader ou pleurer. Je ne comprends pas pourquoi mon amie est retournée se fourrer en plein dans griffes de cet enfoiré de Kim... Son emprise est donc si puissante que cela ? Elle n'a pas déjà assez souffert ?

« *Vaness dis-moi que c'est une blague... Tu te fous de ma gueule c'est ça ?* »

Un grand silence s'installe entre nous. Je n'entends plus que sa respiration derrière le téléphone. Une voix masculine résonne en arrière-plan, j'arrive à la distinguer parfaitement.

C'est Kim. En plus j'ai l'impression que cet enfoiré me nargue.

Bien que l'ayant entendu qu'une seule fois, au tout début de leur rencontre, je peux distinctement reconnaitre son timbre de voix.

« *Tu te grouilles un peu ! On n'a pas que ça à foutre !* » l'engueule-t-il.

De nouveau un silence, plus court cette fois-ci, puis cette phrase de Vanessa, prononcée sur un ton limite agressif :

« *Bon t'es à l'appart ou pas ? J'ai pas beaucoup de temps Andréa !* »

Je ne comprends plus rien, je suis totalement larguée.

Maintenant je me rends compte qu'il n'y a plus aucun espoir pour que je la sauve. Moi qui pensais pouvoir l'aider, je ne me fais plus désormais aucune illusion. Vanessa est perdue. C'est bien triste certes, seulement que puis-je faire de plus ? J'ai consacré des journées à l'écouter, à l'entendre se plaindre, à la réconforter… J'ai pris sur mon temps pour l'aider, jusqu'à en oublier ma propre vie…

Voilà comment elle me remercie ? En courant de nouveau se réfugier dans les bras de son bourreau… Il y a une limite à tout… Même l'amitié ne suffit plus.

« *Pauvre meuf !* » je lui ai simplement lancé.

Dégoutée par son comportement, ce sont les seuls mots que j'ai réussi à prononcer. Ils sont sortis du cœur sans réfléchir. Je suis tellement triste pour elle… Je ne peux plus rien faire.

Cette fois, je passe mon tour.

C'est comme cela que j'ai coupé court à la conversation et lui ai raccroché au nez.

Pour toujours.

# 5

# Nicolas

*Déverrouillage*

*« La jalousie est un monstre qui s'engendre lui-même et naît de ses propres entrailles. »*

William Shakespeare

Vous savez quoi ? Simon m'exaspère ! Sérieux… Partout où qu'il aille, il emporte avec lui son fichu téléphone. Je sens qu'il me cache quelque chose. Il doit probablement parler avec un autre mec, c'est obligé. À force de douter de lui, j'enrage.

Le pire dans tout cela, c'est que je ne peux malheureusement rien prouver. Cette situation me rend dingue. Je le kiffe à mort… Cela me ferait tellement chier si j'apprenais qu'il me trompe… Je ne m'en remettrai jamais, je le sais. Il est à moi. Rien qu'à moi…

Étant donné que tous les deux, nous marchons à la confiance, je ne peux pas le trahir en me mettant à vérifier ses moindres faits et gestes. Encore moins lui soustraire discrètement son portable et regarder ce qu'il fait avec…

Cet acte viendrait détruire les bases même de notre relation. Il sait que je suis jaloux et possessif.

Mais il m'a accepté comme je le suis. C'est bien le seul d'ailleurs…

Si je me mettais à le soupçonner ouvertement, là, maintenant, tout risquerait de s'effondrer entre nous. J'ai peur d'entacher notre complicité. Pourtant, croyez-moi que ce n'est pas l'envie qui me manque de prendre son téléphone et de réaliser mon enquête. Je suis tellement frustré d'être dans l'ignorance.

La chose qui m'effraie le plus dans tout cela, c'est que nous avons un projet commun... Et pas des moindres. Nous devons nous marier en juin prochain. Je vais enfin réaliser mon rêve, après tant d'années à galérer... Tant d'années de souffrances... Après un parcours sentimental chaotique... Enfin, je vais pouvoir épouser l'homme que j'aime. Je le mérite amplement.

Moi aussi, j'ai le droit d'être heureux.

Néanmoins, même si de mon côté je suis clairement sûr que Simon est l'homme de ma vie, je ressens tout le temps cette nécessité de l'interroger, de lui demander s'il n'a pas des choses à me dire.

J'ai besoin de savoir s'il m'aime toujours, s'il se sent bien avec moi, s'il est épanoui.

C'est important lorsque l'on vit avec quelqu'un. L'épanouissement pose les fondations du couple, avec la confiance, bien évidemment.

Pourtant, je sais très bien qu'en agissant de la sorte je fais le contraire de ce que j'aimerais démontrer. Je crée chez lui un malaise.

Je l'agace et il ne s'en cache pas.

Ce n'est pas facile de se sentir délaissé. De manquer de confiance en soi. De penser que la personne que vous aimez le plus au monde vous cache des choses, encore plus à quelques semaines à peine de votre mariage.

Personnellement, je n'avais jamais été quelqu'un de jaloux. Pour être honnête, j'ai même appris ce foutu sentiment lorsque je l'ai rencontré. Faut dire que Simon est tellement beau, avec ses jolis yeux bleus et son regard perçant.

Et son sourire… Qui n'aurait pas craquer à ma place ?

Toutefois, il pourrait bien me répéter mille fois qu'il m'aime, moi j'ai juste besoin qu'il me rassure, chose qu'il ne fait jamais.

Je peux comprendre que ce n'est pas dans sa personnalité, dans sa nature, ou son éducation, cependant, pour moi, c'est devenu primordial.

J'irais même jusqu'à dire que cette envie d'être aimé, rassuré, câliné, protégé, s'est, au fil du temps, transformé en besoin vital.

Merde ! Il n'a qu'à pas passer tout son temps sur son téléphone lui aussi ! Tous mes soupçons partent de là. Il me rend dingue ! Je sens que je vais basculer… S'il continue, je vais péter les plombs… Cela m'ait déjà arrivé par le passé… J'ai fini interné…

Alors qu'il est en train de prendre sa douche, je remarque qu'il a oublié son téléphone sur le lit.

Le moment rêvé pour agir.

Après avoir réfléchi quelques secondes, je me pose la question si cet oubli est volontaire. Peut-être l'a-t-il fait exprès, afin de me tester ? C'est tordu comme réflexion, je le sais. Parfois je ne peux m'empêcher d'être colonisé par ce petit côté parano qui ressort.

Pour la première fois depuis des mois, son téléphone est juste là, à ma portée. L'objet, loin de son propriétaire, semble m'appeler.

Mon regard ne peut s'en détourner.

*« Déverrouille-moi ! Tu seras fixé comme ça ! Tu sauras s'il te trompe... Tu sauras enfin s'il parle avec d'autres mecs... »*

Excité comme un gosse, je vais coller mon oreille contre la porte de la salle de bain. À l'intérieur, l'eau coule doucement. Simon chante à tue-tête. Sa voix résonne. Je souris. Il est beau comme un dieu, mais qu'est-ce qu'il chante faux...

Je retourne rapidement vers le lit et j'attrape son portable.

En le saisissant, je ressens une étrange impression de culpabilité. Comme si je commettais un délit. Mon cœur s'affole. Je pose mon pouce sur l'écran pour former le code de déverrouillage.

À force de voir Simon le réaliser, je le connais parfaitement. Je ne sais pas s'il est au courant.

Enfin je vais vérifier ce qu'il fait ! J'ai accès à son fameux sésame, son précieux qu'il emporte tout le temps avec lui !

Ce besoin de me sentir rassuré palpite en moi.

Tout se bouscule.

Que ferais-je si je trouvais à l'intérieur des messages destinés à autre mec ? J'ai espoir que non. Je tremble à moitié. Je me dis que s'il sort de la salle de bains, et me chope en flagrant délit, alors tout ce que l'on a construit jusqu'à présent, cette relation de confiance, si difficilement gagnée, risque de tomber à l'eau entièrement.

Traversé par cette pensée, je ne sais plus trop quoi faire. Dois-je vraiment vérifier ? En ai-je réellement besoin ?

Le téléphone à la main, j'hésite. Finalement, après réflexion, je le repose. Je n'ai pas le courage d'aller plus loin.

Cette impression d'inachevé me frustre.

Cependant, quelque chose en moi me souffle que j'ai bien fait d'agir de la sorte. Tant pis si l'occasion ne se présente plus. Préserver son couple est bien plus important.

Simon est toujours sous la douche. Il a arrêté de chantonner.

Je m'allonge sur le lit en attendant impatiemment qu'il sorte. Je prends un bouquin et fais mine de lire. Bien qu'étant d'apparence calme, je bouillonne intérieurement.

La première chose qu'il fait lorsqu'il réapparaît dans notre chambre, est de me demander si j'ai touché à son téléphone.

*« Fais chier…il m'a démasqué ou quoi ? »*

Elle est bizarre sa question… Aurait-il des choses à se reprocher ? Ma nervosité s'accroit. Je me ronge les ongles furieusement.

Simon me dévisage. Je rougis. Confus, je me risque tout de même à lui mentir, en bafouillant.

— Nan… je te jure Sim, pour… pourquoi tu me demandes ça ?

*« Pfff…Aucune crédibilité… »*

— Je ne sais pas… On dirait qu'il a changé de place…

D'un air hautement suspicieux, j'ai l'impression qu'il m'analyse. Les secondes s'éternisent. Nous nous regardons en chien de faïence. On dirait un jeu. Qui va baisser les yeux le premier ? Qui va tenir le regard plus longtemps que l'autre ?

Je suis un expert dans ce genre d'activité. Je ne craquerai pas. Depuis petit, je suis un simulateur né. Mes parents ont longtemps voulu m'inscrire à des cours de théâtre… Jusqu'à ce qu'ils apprennent mon homosexualité… et qu'ils me renient, honteux.

Cette période est terminée.

Toujours dans le doute, Simon détourne le regard le premier. Je l'aurais parié. J'ai tenu bon. Il a les sourcils froncés. Avant que le sujet ne nous échappe définitivement, je me dis qu'il faut absolument lui parler de mes craintes.

C'est plus fort que moi, j'en ai besoin. Il est nécessaire que je sache s'il y a quelqu'un d'autre dans sa vie.

Alors, je prends ma voix la plus mielleuse possible, je papillonne des paupières et finalement je le regarde amoureusement, comme je sais si bien le faire.

— Simon, je peux te poser une question ?

Tandis qu'il s'habille, il se tourne vers moi tout en me fixant curieusement. Son air n'a plus rien de douteux.

— Tu me fais peur là… Je n'aime pas trop quand tu commences comme ça…

Inspirant, je prends mon courage à deux mains. Ce n'est pas facile à expliquer. Simon me dévisage de nouveau. Ses yeux bleus me transpercent.

Je n'ose plus. Je suis déstabilisé. Je n'aime pas ce pouvoir qu'il exerce sur moi. Je me sens si faible face à lui.

— Nan, rien. Ce n'est rien. Je me fais encore des films.

— Des films ? Par rapport à quoi ? Dis-moi, maintenant que tu as commencé à parler.

—Laisse tomber. C'est moi... Je réfléchis trop.

Simon vient s'allonger sur le lit et se glisse à mes côtés. Je sens sa main glacée sur mon épaule. Il me caresse tendrement. Je frissonne de plaisir, tout mon corps est en émoi.

J'adore ce moment privilégié.

— Tu penses que je te trompe c'est ça ? me lâche-t-il.

Ses caresses me font du bien. Elles m'apaisent. Mon état de stress diminue. Les yeux fermés, je lui réponds.

—Non... Enfin... C'est juste que... Je trouve que tu es beaucoup sur ton téléphone ces derniers temps...

Simon éclate de rire. Sa réaction moqueuse me vexe. Sa main s'échappe aussitôt pour venir s'échouer sur le matelas. Je comprends qu'il est mal à l'aise.

Une dispute risque d'éclater... Tout ce que je ne voulais pas.

— Et donc ? Ça signifie forcément que je te trompe ? C'est ça que tu veux dire ? Pourquoi tu me le demandes pas directement Nicolas ? Tu tournes toujours autour du pot… Va droit au but un peu pour une fois, ça changera de d'habitude…

Je suis totalement déstabilisé. Bien que toujours allongé à mes côtés, nos deux corps ne se touchent plus. Je n'aime pas cette distance qu'il vient de mettre entre nous. Je me penche sur lui et le contemple. Je me perds dans ses grands yeux bleus délavés.

« *Qu'est-ce que je l'aime ce mec…* »

— Nan Sim, je n'ai pas dit ça. Bref oublie… C'était stupide de ma part.

Je lui dépose un baiser sur la joue. Il sent bon. Son parfum m'enivre. Cependant, je vois bien qu'il fait la gueule. Encore une fois, c'est ma faute.

D'une voix sèche, il me dit :

— On va se marier en juin Nico, pourquoi je te tromperais ? Réfléchis un peu. Je pense que tu devrais reprendre ton traitement. C'est pas méchant mais…

Comme s'il avait gaffé, Simon se tait subitement. Je ne saisis pas pourquoi il en est venu à aborder ce sujet. Il sait pourtant que je vais beaucoup mieux… Je suis un peu étonné par ces propos. Je ne compte pas lui répondre. Je vais faire ce que je sais faire le mieux, retourner la situation en ma faveur, me placer en victime et tenter de l'amadouer. Il ne faut pas que notre prise de tête dégénère.

— Tu m'aimes toujours ? Même si je suis jaloux ?

— Jaloux et surtout très chiant…

Je pose ma tête sur son torse. J'entends son cœur battre.

— Tu ne m'as pas répondu… Tu m'aimes toujours ou pas ?

— Bien sûr que je t'aime toujours… Allez viens là.

Simon m'embrasse langoureusement. Je suis bien. Ce baiser me réconforte.

— Tu devrais peut-être prendre rendez-vous chez le médecin. Ce n'est pas normal que ta paranoïa resurgisse comme ça… Tu recommences ton délire…

Je somnole déjà. Je n'ai écouté qu'à moitié son conseil.

Rassuré, je me laisse surprendre par Morphée, blotti au creux de ses bras protecteurs.

Plus tard dans la soirée, une envie pressante trouble mon sommeil. Quelque peu désorienté, je m'éveille. Lorsque je me retourne, Simon n'est plus là, sa place est vide. Je jette un œil à mon téléphone.

Où donc peut-il bien être à vingt-trois heures trente-quatre ? Lentement, je me dirige vers les toilettes. À pas feutrés, je me positionne juste devant.

Un faisceau de lumière se faufile par en dessous. La voix de Simon s'échappe de la minuscule pièce.

Je colle discrètement mon oreille contre la porte, mais je n'arrive pas à distinguer ce qu'il raconte.

À qui parle-t-il donc à cette heure tardive ?

La boule au ventre, je retourne sans un bruit me fourrer sous la couette. Je suis tellement énervé, que je n'ai plus envie d'uriner. La colère a pris le dessus. Il faut que je me calme.

Lorsque Simon revient, illuminant furtivement la chambre à l'aide de la torche de son téléphone, je sens son corps froid se coller contre le mien.

Depuis combien de temps est-il parti du lit ?

Aucune idée.

Je ne peux m'empêcher de lui avouer que je l'ai entendu. Cette fois, il ne réussira pas à m'amadouer. Cette fois, son regard charmeur ne parviendra pas à m'affaiblir. Pour lui résister, il suffit juste que je ne l'affronte pas.

Déterminé, je veux savoir avec qui il parlait. Tant que Simon ne me dira rien, je continuerai mon interrogatoire. Je ne suis pas du genre à lâcher l'affaire. D'un geste soudain, j'allume notre lampe de chevet.

Il se met à grogner.

— Humm ! T'es chiant… Pourquoi t'allumes ?

— C'était qui au téléphone ?

— Qu'est-ce que tu racontes encore ?

— Arrête ton cinéma ! Avec qui tu parlais ?

Il soupire.

— Je ne parlais à personne…

— Je t'ai entendu discuter avec quelqu'un aux toilettes…

Simon prend alors un air étonné. Ses sourcils se froncent. Il ment, je le vois dans ses yeux. Il me ment, à quelques semaines de notre mariage. Je n'ose pas y croire…

— Pourquoi est-ce que tu ne me dis pas la vérité Sim ? Réponds !

— Donc, tu m'espionnes ? C'est ça ?

Je ne sais plus quoi lui rétorquer. Je suis tellement stressé, que j'ai du mal à avaler ma salive. Ma gorge est sèche. Dans tous les cas, l'embrouille est désormais inévitable. Trop tard pour faire machine arrière. La dispute fait grimper en flèche ma tension artérielle.

— Dis-moi à qui tu parlais Simon !

— On en a parlé tout à l'heure. Je t'ai dit que je t'aimais. Je t'ai rassuré. Pourquoi tu veux tout savoir ? Et puis arrête de prendre ce ton avec moi, je ne suis pas ton enfant !

Sa réponse ne me satisfait pas. Elle est bien trop floue, bien trop évasive à mon goût. Les larmes montent en moi sans que j'arrive à les contrôler. La colère qui m'habite est si forte que je ne parviens pas à retenir mes sanglots. Trop énervé pour me calmer, je lui crie dessus.

— Dis-moi à qui tu parlais ! Dis-le-moi !

Il me fixe. À cet instant précis, je sais que je l'agace au plus haut point mais je n'arrive plus à me retenir. Pourquoi ne me répond-il pas ? Il suffirait qu'il me réponde et tout serait terminé.

Je fermerais ma bouche, je me calmerais, je m'excuserais, et je m'endormirais.

Demain tout ira mieux dans le meilleur des mondes.

Au lieu de ce scénario idéal, Simon me balance lui aussi sa rage, sans aucun filtre.

— Tu sais quoi Nico ? Je me tire. J'en ai assez de tes scènes de jalousie à deux balles… Quand tu auras confiance en moi, on en reparlera… Profites-en pour te faire soigner aussi !

Le mot confiance est lâché dans l'arène, avec toutes les conséquences que cela implique. Non, il ne peut pas se barrer comme cela, sur un coup de tête.

Ce serait un acte incroyablement égoïste.

Simon se lève d'un bond et saisit son sac à dos sur la commode. Je me lève aussi. Mon cœur tambourine violemment. Je suis en train de tout gâcher. Il ne faut pas qu'il parte, je dois tout faire pour l'en empêcher.

— Où tu vas ? Tu ne vas pas partir à cette heure-ci…

Simon continue de m'ignorer.

— Je suis désolé, restes avec moi. Pardon… J'ai confiance en toi… Excuse-moi…

Avec appréhension, je viens de réaliser la possibilité d'un départ définitif.

Conscient de cette éventualité, j'essaie de me tempérer.

Sauf que c'est trop tard, il ne m'écoute déjà plus. Il a enfilé son survêtement et son tee-shirt. Sac sur le dos, Simon s'apprête à quitter l'appartement, à mon plus grand désarroi.

Affolé, je cours jusqu'à la porte d'entrée. Je me positionne devant pour qu'il ne puisse pas passer.

— Laisse-moi partir, hurle-t-il. Laisse-moi putain ! Dégage de la porte !

— Je suis désolé… Ne t'en va pas s'il te plaît ! Je m'excuse… Je m'excuse Simon.

Je m'effondre devant lui, à genoux sur le sol. Je dois probablement faire de la peine à voir. S'il part, c'est mon monde qui s'écroule.

Il est tout pour moi. Il l'a toujours été. Comment le retenir ?

— Sérieux mais regarde-toi ! T'es pitoyable comme mec ! On dirait une victime… Je ne veux pas me marier avec une victime… Moi je veux un homme, un vrai…

Terribles, ses paroles me blessent au plus profond de mon âme. Chacune d'entre elles est comme un coup de poignard, ravivant en moi certaines de mes plus profondes blessures.

Mon douloureux passé ressurgit.

Simon s'en fiche et tente de forcer le passage.

— Allez, putain ! Laisse-moi passer !

Je ne l'ai jamais vu dans un tel état. Je sais que tout ce qui se passe est entièrement de ma faute. Ses yeux sont exorbités, transpirant de rage.

Les mots se répercutent au fond de mon esprit « *victime !* », « *victime !* », tels des échos douloureux.

La douleur est intime, elle bousille mon for intérieur. Ils me rappellent mon adolescence. Toutes ces brimades, ces moqueries, à cause de ma différence. De ma prétendue fragilité… De mon hypersensibilité…

— Je m'excuse, je suis désolé… je lui répète. Je ne veux pas que tu partes… S'il te plaît… Restes avec moi…

Je commence à sangloter. Je sens des larmes dévaler le long de mes joues. La situation m'échappe totalement.

— Laisse-moi partir ou je te frappe ! crie-t-il.

Toujours à genoux, je le supplie, pleurant et m'accrochant à sa jambe comme un gosse angoissé s'accroche à la jambe de sa mère. Je perds mon égo, ma fierté. Je ne veux pas qu'il s'en aille.

Que vais-je devenir sans lui ?

S'il part maintenant, je sais que j'aurai peu de chance de le revoir. Cela m'est insupportable.

J'ai un mauvais pressentiment. Quelque chose en moi me hurle de le retenir. Je lui serre le mollet encore plus fort. Je m'en fous littéralement de perdre mon honneur, ou de paraître pitoyable.

Quelle autre solution ai-je vraiment ?

Puis l'impensable se produit. Rongé par la colère, Simon me balance un coup de pied en plein dans le thorax, coupant net ma respiration.

J'ai du mal à reprendre mon souffle.

Victime... Je suis sa victime... Encore une fois, moi, Nicolas, je viens de me transformer en victime.

Je me tords sur le sol. Il essaie de m'enjamber afin d'atteindre la porte. C'est là que la folie m'envahit, incontrôlable. Tout mon corps se laisse emporter par un torrent de violence inouïe. Je lui mords la cheville avec férocité. À travers le tissu de son survêtement, mes incisives s'enfoncent dans sa peau.

Simon recule, surpris. Debout, il me surplombe, le regard empli d'étonnement. Il ne m'aurait jamais cru capable d'un tel geste. Je me lève, et je colle mon front contre le sien.

Le désir charnel me pousse vers ses lèvres. J'avance ma bouche sur la sienne, mais d'un geste énergique du bras, il me repousse avec dégoût.

— T'es complètement taré mon pauvre ! Tu m'as mordu jusqu'au sang... Tu sais quoi ? Toi et moi c'est fini Nicolas ! Oublie le mariage, l'avenir, les promesses ! Je me barre de cette baraque de cinglés !

C'est à ce moment précis que je perds totalement les pédales. Une pulsion inexplicable me colonise. Submergé par mes émotions, je saisis la lourde statuette en bois d'ébène qui se trouve sur notre meuble d'entrée, et tandis qu'il tente une seconde fois d'avancer vers la porte, je le frappe au niveau du crâne avec tellement de force qu'il n'a pas le temps de comprendre ce qui lui arrive.

Il chancelle, titube, me regarde, hébété. Son front est ouvert. Fulminant, je lui assène un second coup, plus fort encore.

Assommé, Simon s'effondre sur le sol.

Alors je me place au-dessus de lui et le frappe à nouveau. L'adrénaline me pousse à continuer. Encore et encore. Je le frappe jusqu'à ce que son sang rouge vif inonde mes mains, que son crâne éclate comme un fruit pourri, que sa cervelle sorte de sa boite crânienne.

Jusqu'à ce que le mot victime s'efface de sa bouche.

Éradiqué à jamais.

Je ne veux plus être la victime de personne.

Je suis recouvert de sang. Essoufflé, je laisse tomber la statuette sur le sol de l'entrée.

Simon est mort. Son beau visage auparavant si doux ne ressemble plus qu'à un amas de chair informe. Il est fissuré, ouvert, défiguré. Sa peau est en lambeaux. Des parties d'os apparaissent derrière les blessures que je viens de lui infliger.

Haletant, je m'adosse au mur. Du sang a giclé, créant une énorme tâche disparate sur le bas du papier peint couleur crème.

Peut-être avait-il eu raison tout à l'heure, peut-être aurais-je dû prendre mon traitement plus régulièrement…

J'assiste à la scène, totalement hors de mon corps. C'est comme si je m'étais, le temps d'un instant, décorporé. Comme si une autre personne se servant de mes mains, les guidant, avait frappé Simon à la tête, plusieurs fois, jusqu'à ce que sa jolie petite gueule de beau gosse éclate en mille morceaux.

Sur le mur du couloir, des rigoles pourpres ont coulé jusqu'aux plinthes. Il y en a partout. C'est un véritable carnage.

C'est là que j'entends son téléphone vibrer dans la poche de son survêtement. Je m'empresse de le prendre.

Le nom s'affiche sur l'écran.

*SARAH W.P*

Je décroche, les mains pleines de sang. Le téléphone glisse, j'ai du mal à le maintenir. Une voix féminine retentit à l'autre bout du fil.

— Allo ? Allo ? fait-elle.

Je ne réussis pas à parler. Le corps de Simon est étendu devant moi. Ses yeux me fixent, inertes. J'ai l'impression qu'ils me jugent.

« *Quel gâchis…Comment ai-je pu en arriver là ?* »

— Allo ? je lui réponds.

— Simon, est-ce que c'est vous ?

Sans réfléchir, je me mets maladroitement à imiter sa voix. Je veux savoir qui est cette femme.

— Oui. C'est moi, je lui dis.

— Ok Simon, excusez-moi de vous appeler encore à cette heure tardive, mais nous avons eu un problème concernant la location de la Rolls. Il ne reste plus qu'une Bentley disponible… Elle est noire et blanche. Je peux vous envoyer la photo par message si vous voulez.

— La location de la Rolls ?

— Oui, nous en avons parlé tout à l'heure. Pour le mariage.

— Vous êtes qui ?

— Enfin Simon, vous me faites marcher là ? C'est Sarah, votre Wedding Planner[26]. On s'est parlé il n'y a même pas trente minutes…

---

[26] Personne chargée d'organiser les mariages

Mon cœur fait des bonds à l'intérieur de ma poitrine. Je commence à comprendre.

« *Qu'ai-je fait ?* »

— Désolé Sarah, je suis un peu fatigué, je lui réponds.

Ma voix est étranglée.

— Attendez, ce n'est pas Simon là ? Qui est au téléphone ?

Immédiatement, je raccroche, parcourant les messages, cherchant le moindre signe de discussion avec un autre mec que moi. J'ai beau fouiller, fouiner partout, je ne trouve rien d'ambigu.

Dans son téléphone, je ne trouve aucune preuve d'infidélité…

Me serais-je trompé ?

Ou peut-être a-t-il effacé les messages ? Ouais, si cela se trouve, il les a effacés avant que je les trouve. C'est sûr même. Il est fort tout de même ! Quel salopard ! Il m'a trompé et a fait disparaître les preuves ! Je le savais !

Convaincu de sa trahison, je lui balance un coup de pied en pleine tête. J'entends un bruit de craquement juste au niveau de ses cervicales.

Alors je me rapproche et lui susurre à l'oreille :

« *Tu vois que je ne suis pas fou… Je le savais !* »

Je regarde son visage. Ses yeux bleus ont perdu tout leur charme… Ils ne réussiront plus à m'hypnotiser.

Son visage en bouillie me donne un haut le cœur que je ne peux contenir.

Peu importe son état, je l'aime toujours autant… Merde… Ce que je l'aime ce con…

Après quelques minutes à le scruter, inerte devant moi, je l'attrape délicatement par les pieds et non sans mal, m'affaire à traîner son cadavre jusqu'à notre chambre à coucher, laissant derrière moi une énorme trace de sang poisseux.

Une fois arrivé au pied de notre lit, je soulève son corps et le dépose sur le matelas. Il est lourd et froid.

Je le déshabille. Le sang a tâché ses vêtements. Je les jette à même le sol. Simon est nu désormais. La beauté de son corps imberbe me tire d'amers regrets. Pris d'une envie folle, je cours jusqu'à la salle de bain, humidifie une serviette de toilette et retourne d'un pas pressé à la chambre. Je lui nettoie le visage délicatement. Ses plaies sont impressionnantes. Je n'arrive pas à croire que c'est moi qui lui ai fait cela. Et pourtant…

Une fois nettoyé, je l'embrasse sur le front. Mes larmes coulent à torrent. Mort, me pardonnera-t-il cet accès de rage irréversible ? Viendra-t-il me hanter ? Probablement…

Dans notre commode, je trouve son costume de mariage. Il y a l'ensemble intégral, chemise, cravate, veste et pantalon.

J'assis Simon sur le lit, son corps est tellement lourd qu'il s'affaisse une première fois. Je retente le coup en l'adossant au cadre de bois.

La deuxième est la bonne.

Doucement, je lui passe sa belle chemise blanche, la boutonne soigneusement. Je soulève sa jambe droite, puis sa gauche, afin de lui enfiler son pantalon de costume.

Concernant la veste de costume, la procédure s'avère beaucoup plus simple. Je finis par la cravate, une belle cravate noir brillant, pourvu d'un joli nœud, autour du cou, bien exécuté.

J'ai l'impression que ses lèvres remuent.

— Quoi ? Tu m'as parlé Sim ?

Je suis persuadé d'avoir entendu un merci susurré s'échapper de sa bouche. Je dois rêver.

Il ne faut pas perdre de temps, c'est à mon tour de me préparer. Je revêts mon ensemble trois pièces blanc, ainsi que mon chapeau Panama acheté spécialement pour la noce.

Je m'essuie les yeux.

Dans le miroir de la salle de bain, je me contemple pendant de longues minutes.

J'ai la peau rougie par les larmes. Mes paupières sont gonflées. J'essaie de m'arranger comme je le peux. Je souris plusieurs fois. Je suis encore crispé.

Ce n'est pas le bon moment.

Nerveux, je patiente au salon, assis sur notre canapé. Ma jambe tremble toute seule.

« *Calme-toi Nico...Calme-toi...* »

Quand je me sens enfin prêt, je retourne le voir. Il est toujours là, adossé contre le montant du lit, dans son beau costume que j'aime tant.

Alors je me glisse à ses côtés, je soulève sa main et la place délicatement sur ma hanche.

Puis je me blottis tendrement contre son corps froid, la joue posée sur son épaule.

Les yeux clos, je m'imagine alors notre mariage. Je le dessine, l'invente. La cérémonie est somptueuse. Tout le monde arbore un grand sourire de joie. Les regards des invités sont emplis d'étoiles. Nos proches sont tous là. Même mes parents sont fiers... Ils sont venus nous soutenir. C'est magnifique...

Le moment est magique, comme je l'ai toujours rêvé.

« *Monsieur Nicolas Kellermann, voulez-vous prendre pour époux Monsieur Simon Garrigny ici présent.* »

« *Oui je le veux...* »

Jusqu'à ce que la mort nous sépare.

# 6

# *Mélodie*

*Les Compagnons du Pentagramme*

« *Même le diable fut un ange au commencement.* »

Les longs cheveux noirs de Mathilde pendent presque jusqu'au sol. Elle est allongée sur la longue table en merisier de ma salle à manger, pieds et poings liés. Seule sa tête dépasse légèrement. Sa poitrine, nue, se soulève par à-coups. Sa respiration est haletante. J'observe ses seins pointus avec jalousie. Ils sont si parfaits… Si naturels et symétriques. J'ai toujours envié sa poitrine magnifique. C'est la deuxième fois que je la vois en vrai.

Il faut absolument que je me ressaisisse, je ne dois pas me laisser guider par mes sentiments. Impossible de flancher, bientôt, j'aurai le monde à mes pieds.

— Si je t'enlève le foulard, tu me promets de ne pas crier ?

Elle a l'air apeuré. Mathilde esquisse un léger signe de tête. C'est vrai que cela ne doit pas être simple pour elle de bouger, attachée comme elle l'est.

Je m'approche d'elle doucement et lui enlève le foulard noir de sa bouche. J'hume son parfum en fermant les yeux. Le foulard est poisseux, humide de salive. J'aime l'odeur âpre qu'il dégage. Il pue la peur à plein nez. Cette peur, je m'en nourris délicieusement.

— Détache-moi Mélodie s'il te plaît, me supplie-t-elle.

Je lui caresse le front. Sa peau est douce et tendre. On dirait la peau neuve d'un jeune abricot. Je n'ai aucune intention de la détacher. Cependant, elle doit tout de même savoir ce qui va lui arriver, j'ai hâte qu'elle le sache.

Je veux observer sa réaction quand elle va l'apprendre. Je veux pouvoir me délecter de la terreur envahissant ses yeux.

— Je ne peux pas te détacher, je lui dis. Si tu coopères, tout se passera bien, je te le promets.

Elle se met à pleurer. Ses larmes ne m'émeuvent pas. Cela fait même longtemps que j'ai perdu toute forme d'empathie. C'est un sentiment qui n'existe plus chez moi. Tant mieux d'ailleurs, sinon je me serais écroulée, et n'aurais pas pu aller jusqu'au bout des choses.

Cette partie de moi est morte.

— Que vas-tu me faire ? gémit-elle.

Ses gémissements sont insupportables. Ils sonnent comme ceux d'un nourrisson. Cela m'énerve. J'hésite à lui remettre le foulard dans la bouche. Peut-être que l'enlever n'était pas une si bonne idée que cela finalement.

Je vois dans ses yeux qu'elle a peur de moi. J'adore cette sensation de toute puissance, de maitrise que j'exerce sur elle. C'est la première fois que je peux lire de la peur dans le regard de quelqu'un que je connais.

D'habitude, j'y décèle plutôt de la honte, du dégoût, du mépris. On me trouve étrange, mystique, trop « *marginale* », trop « *gothique* » pour prétendre être quelqu'un de bien. Faire partie du commun des mortels.

Là, je vois que Mathilde est effrayée. Et plus je la trouve effrayée, plus la situation m'excite. Quelque chose se passe intérieurement. Un changement est en cours. Il est bouillonnant, puissant, nécessaire à ma mue.

— Je vais te sacrifier à Satan, je lui réponds, calmement.

Lorsque je prononce son nom, je frissonne. Tout mon corps s'emplit d'une immense confusion. Il vibre. C'est comme si mon âme entière appartenait au diable. Je sais qu'il m'aime, qu'il me remerciera pour ce sacrifice.

Mathilde se retient de hurler. Je vois ses lèvres trembler. Elle a envie de crier, seulement elle sait bien que si elle le fait, alors je remettrai ce sale foulard dégueulasse et désagréable à l'intérieur de sa jolie petite bouche rose en forme de cœur.

— Non… Par pitié… Détache-moi s'il te plaît Mélo. J'ai peur…

Mélo ? Cela fait longtemps que plus personne ne m'a appelé ainsi. Ce rappel au passé me tire un sourire gêné, me forçant à exprimer ma désapprobation.

— Mélo est morte tu sais. Je m'appelle Naama maintenant.

Mathilde me dévisage. Elle essaie de bouger les bras, sans y parvenir. Je suis fière de la façon dont je l'ai attachée. Ces nœuds, je les ai réalisés seule, grâce à un tutoriel simple et rapide sur internet. C'est plutôt pas mal pour une première fois. À les regarder comme cela, ils ont l'air extrêmement solides.

Le minuteur de mon téléphone retentit. Son bip aigu me fait presque grincer des dents. Il est bientôt l'heure.

L'heure du grand sacrifice.

— Désires-tu quelque chose en particulier avant que l'on commence ? je lui dis.

Elle ne me répond pas. Elle s'est de nouveau mise à pleurer. Quelle chialeuse ! Cette fois-ci, je pense qu'elle doit réaliser à quel point je suis déterminée. Même en chialant, cette petite pétasse de Mathilde arrive tout de même à dégager un certain charme. Elle m'énerve… Elle a toujours été plus jolie que moi…

— S'il te plaît détache-moi ! Je ne dirai rien à personne, je te le promets… Je peux même te filer de l'argent si tu veux… J'ai un peu de côté sur mon livret A…

Mathilde ne comprend pas que l'argent ne m'intéresse pas.

Quelle conne…

Ce sacrifice m'apportera tout ce qui me manque ici-bas. L'amour, la gloire, le succès, la beauté… Tout… Et l'argent viendra également, forcément. Ce n'est pas ses quelques centaines d'euros qui pourrissent sur son livret A qui me feront changer d'avis. Ma décision est prise. Je vais enfin pouvoir assouvir tous mes désirs… Payer mes opérations esthétiques… Devenir une jeune femme parfaite… Une égérie au service du satanisme…

Et puis, j'ai une communauté à satisfaire… Je leur ai promis un live qu'ils ne seraient pas près d'oublier… Je dois tenir mes engagements. Il faut d'ailleurs que je pense à remercier *DémonAZ568* pour l'accès à cette plateforme du darknet[27] que je ne connaissais

---

[27] Web caché regroupant les sites non indexés sur les moteurs de recherche traditionnels

pas auparavant. J'y ai découvert tellement de choses intéressantes.

Dessus, j'y ai rencontré des gens super. Franchement, ce réseau a changé ma vie et ma vision des choses. Il a développé chez moi un amour inconditionnel pour Satan. Moi qui avais peur de devenir folle, de perdre la foi, j'ai trouvé en lui tout ce que je n'avais pas réussi à trouver en Dieu.

Depuis, je suis heureuse. Je peux m'habiller, me maquiller comme je veux, sans me soucier du jugement, du regard des gens. Avant leurs insultes m'auraient touché, m'auraient fait du mal, c'est terminé désormais. Je suis fière de ce que je suis devenue.

Gloire à Satan !

Entre satanistes, malgré ce que les gens peuvent penser de nous en négatif, nous nous entraidons beaucoup. Nous échangeons, nous nous envoyons des conseils, des tenues, des liens, des invocations. Nous sommes une communauté très soudée.

Même si je sais que la plupart des personnes dites « *normales* » nous détestent, nous voient d'un sale œil, nous restons solidaires et surtout, nous emmerdons tous ceux et celles qui veulent nous empêcher d'exercer notre culte.

Après tout, s'il existe des Églises, des Mosquées, des Synagogues, pourquoi des temples dédiés à Satan ne devraient pas être bâtis ?

Je n'ai rien contre ceux qui croient en Dieu. Juste je ne les calcule pas. Comme ils ne me calculent pas. Ils me haïssent, je le sais. Ils haïssent ma façon d'être, de vivre, de penser. J'ai l'impression parfois qu'ils sont moins tolérants que nous. Ils aimeraient que je disparaisse. Notre présence les dérange, soulève en eux des questionnements dérangeants.

Moi, je suis pour l'application « *du chacun dans son coin* ». Le monde irait tellement mieux si chacun restait dans son coin à s'occuper de ses affaires sans venir farfouiller dans celles des autres…

Ce n'est pas tout, il faut absolument que je me prépare. Je sens que Mathilde ne va pas tarder à se pisser dessus.

Cela fait bientôt deux heures que cette petite truie est attachée.

Je pose mon téléphone droit devant moi, placé stratégiquement afin d'avoir le meilleur angle possible. La caméra est centrée sur la table.

À l'écran, on y voit Mathilde, allongée et ligotée, le corps entièrement nu, de profil, ses cheveux éparses dissimulant quelque peu ses épaules menues.

La mise en scène est gothique, sépulcrale, parfaite.

J'allume les bougies autour d'elle, réparties en pentacle, comme on me l'a appris sur le forum. Mathilde sanglote toujours, toutefois, sa respiration semble plus calme. Elle a l'air apaisée. Elle s'est peut-être faite à l'idée qu'elle ne peut pas s'échapper. Elle a certainement pris conscience qu'elle va mourir de mes mains.

Après tout, cela doit la rassurer que ce soit moi son bourreau.

En tout cas, cela m'arrange si elle n'a pas de dernière volonté. Cela m'évitera une organisation supplémentaire. Tout le monde ne lui aurait pas proposé, j'en suis sûre et certaine.

Surtout dans de telles conditions. Mine de rien, je me rends compte avoir conservé une petite part d'humanité.

Si elle fumait je lui aurais même filé une clope mais Mathilde n'a jamais fumé de sa vie… Elle déteste cela. Selon elle, fumer est un péché… Comme le reste d'ailleurs…

Pas de sexe, pas de fêtes ni d'alcool. Une vie saine, sans vices ni péchés.

Une vie de merde en gros. « *So boring*[28] »

C'est ce côté sainte-nitouche qui m'exècre. Cela a beaucoup joué sur le choix de ma victime.

---

[28] « Tellement ennuyante » en Anglais

Apparemment, sacrifier une personne croyante est un acte pur, qui plaît énormément à Satan.

Je n'ose pas imaginer comment Mathilde doit me considérer. Sûrement comme un démon… Cette pensée me tire un léger sourire. Sacré Mathilde, je t'aimais bien… Même si tu as toujours été plus jolie, plus sympa, plus polie… Même s'il est vrai que tu as toujours été mieux que moi dans tous les domaines. Même si tu as toujours été la préférée des parents, la petite chouchou…

Dorénavant, ma sœur, c'est à mon tour de briller…

L'heure approche à grands pas. Dans moins de dix minutes maintenant, je vais devoir lancer le live. J'ai le cœur qui bat la chamade.

Combien de personnes vont regarder mon premier sacrifice en direct ? Dix, vingt, cent ? Si j'arrive à attirer l'attention de cent personnes, ça sera déjà un bon score. Je serai super heureuse si je fais cent, oui.

Il ne faut pas trop que je commence à me fixer des objectifs impossibles à atteindre, en vrai, peu importe, ce qui compte c'est que je réussisse le rituel à la perfection.

Après cela, une fois Mathilde sacrifiée à Satan, je serai enfin membre important des Compagnons du Pentagramme, qui est en passe de devenir d'ici quelque temps le plus éminent groupuscule Sataniste au monde. C'est mon objectif à long terme. Alors toutes les portes s'ouvriront officiellement pour moi. Je ferai partie de l'élite.

J'ai toujours rêvé d'être quelqu'un d'envergure.

Ainsi, je serai au même niveau que toutes ces nombreuses célébrités qui ont vendu leur âme au diable. J'ai regardé énormément de vidéos sur Robert Johnson[29], Beyoncé[30], et tous les autres dont on ne parle jamais dans les médias mainstream. Certes, c'est une chose de vendre son âme, de pactiser avec le diable, mais sacrifier un être humain, qui plus est une jeune femme vierge et croyante à Satan, c'est le pass suprême, la reconnaissance éternelle. Je ferai partie des VIP.

L'accès garanti vers la gloire. J'en frémis d'avance.

Comment je sais que Mathilde est vierge ? Facile... Mathilde se confiait énormément à moi, avant que je rencontre *DémonAZ568* et que celui-ci m'ouvre les yeux sur le monde qui nous entoure. Avant que je sois totalement éveillée et qu'il me présente les membres des Compagnons du Pentagramme.

Avant que je me sépare de tous ces faux amis, ces faux visages qui m'entouraient sans que je m'en rende compte. Pour eux, j'étais une personne naïve, mal dans sa peau. Une pauvre fille...

---

[29] Guitariste et chanteur de blues Américain, connu pour avoir vendu son âme au diable
[30] Chanteuse Américaine

C'est *DémonAZ568* qui m'a fait prendre conscience de ma faiblesse d'esprit. C'est lui qui m'a fait comprendre que Mathilde ne m'aimait pas réellement. Que mes parents non plus d'ailleurs.

Que seul Satan nous aimait, nous, ses disciples.

Et puis, même si j'avais voulu la sauver, je n'aurais jamais pu la convaincre de me rejoindre dans cette grande aventure. Elle est bien trop prude… Bien trop ancrée dans la religion… Sa foi en Dieu est trop grande…

Non. Mathilde n'aurait jamais rejoint nos rangs.

À presque vingt-deux ans, je sais qu'elle ne changera pas.

Elle est comme tous les autres, elle veut m'empêcher de m'assumer pleinement. Elle veut nuire à mon développement. Les gens comme elle sont très dangereux. Il faut impérativement les éliminer.

Tous.

Ainsi, Mathilde sera la première d'une longue liste que j'ai déjà établie. Mes parents font également partie de cette liste. Ils ne m'ont jamais considérée. Ils préféraient leur petite Mathilde chérie. Ils avaient honte de moi, la grosse, le laideron.

Sur ma liste, se trouvent également mon prof de dessin, ce sale pervers qui matait mes fesses avec son air vicieux, mon ex petit copain, qui m'a détruit psychologiquement à un moment de ma vie où j'avais besoin d'être réconfortée.

Tout sera tellement plus simple après les avoir sacrifiés au nom de Satan.

Plus que cinq minutes. J'enfile ma longue cape noire et mon masque de bouc. Il pue la chair morte. Il a été fabriqué à partir de peau animale. Je sens la chaleur âpre de mon souffle à chacune de mes expirations.

Mes mains tremblent, c'est étrange. Elles sont glacées. Mathilde est silencieuse. Depuis tout à l'heure, elle n'a prononcé aucun mot. Elle murmure simplement ce qui semble être une prière. Je me rapproche d'elle. Effectivement, elle est en train de prier.

Cela m'amuse grandement. Je souris.

— Prie bien… Ton Dieu ne pourra rien pour toi… je lui souffle au creux de l'oreille.

Ma voix résonne à l'intérieur de mon masque. Une fois toutes les bougies allumées, je retourne à mon téléphone. Cette fois-ci, c'est la bonne.

Le rituel peut enfin débuter. Je suis excitée comme jamais je ne l'ai été jusqu'à présent dans toute ma vie. Mon corps exulte.

J'appuie pour activer le live. J'ai décidé de ne pas parler pour donner un effet plus sombre et mystérieux à la mise en scène. Je saisis le poignard au manche ciselé. C'est un poignard sacrificiel que j'ai acheté sur le darknet. Il est magnifique. Sa lame en acier est légèrement courbée et son manche est entièrement fait d'os humain. Un morceau de tibia, ou de fémur, probablement. Je ne sais pas trop.

Pour que le sacrifice soit validé, il faut que je récite une incantation ancienne, puis que j'incise Mathilde en cinq points.

Ses deux poignets, ses deux chevilles, et pour finir, son cou.

Je dois ensuite relier les cinq plaies à l'aide du sang et prononcer les derniers mots jusqu'à ce que la sacrifiée agonise et en vienne à mourir. J'ai bien retenu ce que j'ai pu lire sur leurs sites. J'ai énormément échangé avec un autre compagnon, que je ne connaissais pas avant, c'est lui qui m'a tout appris sur le rituel.

Tout doit être réalisé dans un ordre précis.

Lors de nos discussions, parfois interminables, il n'a jamais voulu me donner son nom. Il a juste dit qu'il était missionné par Satan pour m'aider. Je kiffais son profil mystérieux, si froid, si dark. Il m'a fourni les indications pour réussir un bon sacrifice, les détails, le matériel à avoir… C'est lui qui m'a conseillé pour le poignard. Sans l'avoir rencontré j'ai eu l'impression de le connaitre.

Ensemble, nous parlions si facilement, sans tabou. C'était une sensation étrange et excitante à la fois.

J'organise cela depuis trois mois maintenant, je ne vais pas me louper.

Je n'ai pas le droit à l'erreur.

Je regarde l'écran de mon portable. Il y a très peu de spectateurs. Ils ne sont que huit à suivre la cérémonie. Je suis un peu déçue. Est-ce que *DémonAZ568* est connecté ? Non. Il n'est pas encore là, cela ne saurait tarder, j'en suis sûre. Je sais qu'il va rejoindre mon live. Il me l'a promis.

Mathilde a l'air endormie. Elle ne prie plus. Ses yeux flottent dans le vague. Je n'ai même pas eu besoin de lui remettre le foulard, elle a su se calmer seule. Tant mieux.

Sachant qu'elle a d'ores et déjà perdu la bataille, je présume qu'elle ne va plus tenter de se débattre.

Maintenant, l'incantation. Je porte de nouveau un regard rapide vers mon téléphone, nous sommes trente-quatre impliqués sur le live.

Trente-quatre personnes qui vont, en direct, assister à la naissance de Naama, la nouvelle fille de Satan.

Ma voix tremble. Elle me martèle l'esprit en même temps que je prononce les mots.

*« Abelon na Satan, navi pureste, abelon dab este »*

Je suis tellement excitée. Mes doigts bougent nerveusement. Il faut que je le fasse, ça y est. Ma poitrine me brûle. J'ai chaud.

Soigneusement, j'exécute la première incision, sur sa cheville droite. Mathilde se met à crier. Son cri me surprend tellement que j'en manque de faire tomber le poignard. J'espère que cette sotte ne va pas tout faire foirer.

Il ne faut surtout pas qu'elle hurle à chaque fois… Cela risquerait de gâcher toute la mise en scène…

Où est le foulard que je lui enfourne dans sa gueule de chialeuse ?

— Pitié Mélo ! Arrête ! supplie-t-elle.

Voyant que je ne réagis pas, elle se met à hurler comme une hystérique. Il faut qu'elle se calme. Cela ne fait pas très professionnel… Que vont donc penser mes spectateurs ?

J'attrape le foulard et lui fourre à l'intérieur de sa bouche, de façon à ce qu'elle la boucle enfin.

— Voilà, comme ça tu vas la fermer !

Maintenant, chacun de ses cris est étouffé. Ses yeux révulsent. J'aime ce regard perdu. J'aime ce regard qui signifie « *ne me tue pas s'il te plaît* ». Quelle jouissance magnifique…

Je me sens supérieure à elle, et je vois qu'elle le sait.

J'adore détenir ce droit de vie et de mort. C'est comme si j'étais face à un minuscule insecte que je peux, d'un simple coup de semelle, écrabouiller sans qu'il ne puisse rien faire pour se sauver.

La donne a changé. La justice sera bientôt rétablie. Mathilde ne serait bientôt qu'un cadavre froid et rigide.

Mon corps frissonne de nouveau. Déchaînée, je cours jusqu'à mon téléphone. Sur le live on est à plus de cent personnes connectées. C'est énorme ce qui est en train de se passer.

Énorme.

Motivée par cet élan surprenant, je repars immédiatement à la table et exécute la deuxième incision, cette fois-ci sur l'autre cheville.

La plaie est plus longue et le sang se répand immédiatement. L'entaille est profonde, j'y suis allée de bon cœur. Le sang, vermeil, coule de la plaie tel un petit ruisselet. Les gémissements de Mathilde redoublent d'intensité mais heureusement le foulard les entrave. Le liquide pourpre continue de jaillir, se répandant tout autour de son corps nu.

La lumière des bougies le fait briller. Il est magnifique ce sang. En le voyant, je ne ressens rien. Rien du tout. Mon cœur est toujours protégé par sa lourde carapace d'acier.

Tout se déroule comme prévu. Mathilde aura beau gémir tant qu'elle le veut, je ne flancherai pas.

Satan est en moi.

Mathilde a mal. Je me faufile sur le côté de la table. C'est au tour de ses poignets maintenant. Le droit. Puis le gauche. Elle souffre. Elle essaie de se débattre. Elle n'est plus du tout calme comme tout à l'heure... J'aurais parié le contraire. Au lieu de cela, elle met les nœuds à rude épreuve…

— C'est bientôt fini… je lui susurre tout en lui caressant le front.

Cette mijorée est totalement paniquée. Je ne distingue plus dans son regard que de l'effroi. Ses yeux transpirent la crainte de mourir. Il faut que je vérifie combien de connectés sont toujours là, à me suivre.

Lorsque que je scrute l'écran de mon téléphone, je n'arrive pas à y croire. Je pense tout d'abord à un bug de la plateforme. Le chiffre impressionnant de quarante mille (*40k*), est noté en bas de la vidéo en plus petit, à gauche, et de nombreux messages ponctués d'émoticônes défilent incessamment.

Je vérifie une dernière fois si *DémonAZ5678* a rejoint le live, toutefois son nom n'apparaît nulle part. Pas grave, une fois le sacrifice terminé, je lui enverrai la vidéo par messagerie privée, spécialement pour lui.

Je ne m'inquiète pas plus que cela de son absence. Je sais qu'il est pas mal occupé ces derniers temps. Gérer un groupe aussi important que le sien n'est pas chose facile. Il sera tellement fier de moi lorsqu'il verra mon sacrifice.

Bientôt, je sillonnerai le monde à ses côtés pour répandre la parole des Compagnons du Pentagramme. Cette idée qui germe en moi comme une jeune pousse, me motive encore plus à terminer ce que j'ai commencé. Je reviens vers Mathilde. Il y a beaucoup de sang autour d'elle. Il ne me reste plus que la cinquième incision, la dernière, celle qui lie toutes les autres.

Celle qui scellera le sacrifice pour de bon.

Mathilde est dans les vapes. Ses paupières sont à moitié closes. Elle me regarde toujours avec cette angoisse que j'adore. Je ne vais pas la prévenir, ce sera plus rapide.

D'un geste habile, que je n'avais pourtant jamais répété auparavant, je lui tranche la gorge, sans aucune émotion.

On dirait que j'ai fait cela toute ma vie.

La coupure est nette, précise, longue et fine. Elle lui laisse une marque, au début presque invisible, qui peu à peu s'épaissit, ouvrant proprement la chair de son cou avec majestuosité.

Mathilde n'émet plus que d'immondes gargouillis dégoûtants.

Une première giclée d'hémoglobine, furtive, s'enfuit de la longue plaie linéaire. Puis une deuxième survient, tout aussi furtive. La troisième est moins dense. Peu à peu la pression sanguine retombe. Son cœur faiblit. Il faut que je relie les points au plus vite. Elle doit être encore vivante lorsque je le fais. C'est la condition pour que le sacrifice soit validé.

Je prends mon poignard et trace les lignes du pentacle sur son corps torturé.

Il ne me reste plus que l'incantation finale, la plus importante.

Mon cœur bat à tout rompre. Un intense sentiment de joie s'empare de moi. Je suis heureuse. J'ai l'impression de renaître. J'ai l'impression que de magnifiques ailes de démon vont déchirer la chair de mon dos et se déployer dans la pièce. Mon corps tout entier brûle d'une fougue indescriptible.

Naama est née. Pour toi, et par toi, ô grand Satan !

« *Abelon destistues Satan ! Te jutere curp e ama siecles via* »

Je vibre de toute mon âme. Je me sens investie d'une entité maléfique si puissante que je tombe à la renverse sur le sol. Je convulse et me tords. Je me rabougris. Même si j'ai mal à la poitrine, j'adore cette sensation d'oppression, ce mal qui coule dans mes veines, me pénètre violemment, ravivant en moi une puissance et un plaisir jusqu'ici inconnus.

Je suis enfin moi-même, libérée de ce joug qui m'emprisonnait. Ça y est, j'ai ma place parmi les Compagnons du Pentagramme.

Je pense à *DémonAZ568*, mon mentor. À la personne avec laquelle j'ai énormément échangé. Je pense à ma nouvelle existence. Celle d'une dévote du diable. À mon futur train de vie de rock star… Les pays, les continents, avalés, pour prêcher mon amour du mal. Oui…

Que le monde entier se prépare, car j'arrive. Naama va répandre le feu infernal dans vos existences de merde bande de ploucs et de culs bénis ! Désormais, respectez-moi et craignez-moi !

Quand je reprends un peu mes esprits, je me lève et saisis mon portable. Tout en gardant mon masque, je prononce ces quelques mots :

« *Gloire aux Compagnons du Pentagramme ! Gloire à Satan !* »

La douleur est partie. La pièce, toujours éclairée, est silencieuse. Mathilde git dans son sang. Elle est en train d'agoniser. La caméra tourne toujours. J'ai dépassé les trois cent mille spectateurs ! Incroyable… Comment autant de monde a pu se retrouver à regarder ma vidéo ? Je suis subjuguée. J'exécute un dernier signe sataniste à tous les connectés afin de les remercier, et coupe le live.

Je crois qu'ils se souviendront longtemps de moi.

Bientôt, je serai vue comme une célébrité.

Bientôt, partout, on parlera de Naama !

Dans ma boite mail protégée, j'ai reçu énormément de messages privés.

*DémonAZ568* fait partie de ceux qui m'en ont envoyés. Je suis contente car pour moi ses messages sont les plus importants. Il a vu ce dont j'étais capable pour intégrer les Compagnons. Il a vu à quel point j'étais fidèle au diable.

Je saute immédiatement sur ce qu'il m'a écrit.

C'est une priorité absolue pour moi de le lire.

Message de DémonAZ568 – reçu le 18 juin 2023 à 21h57 :

*« Chère Naama.*

*J'ai pu assister à ta vidéo sacrificielle. Tout d'abord, je voulais que tu saches que les Compagnons du Pentagramme ne peuvent en aucun cas cautionner tes actes.*

*Nous sommes un groupe Sataniste, certes, mais même si nous en faisons la promotion au travers de nos différents discours, aucun de nos membres n'encouragent réellement les sacrifices d'êtres vivants, que ce soit pour des animaux ou des humains. Cela reste purement du domaine fictif. Nous voyons plutôt cela comme une sorte de fantasme inaccessible.*

*Chacun des membres de notre groupe est responsable de ses faits et gestes. Ainsi, toutes nos pratiques restent incluses dans un mode de vie bien défini dont nous ne dévoilons jamais les mœurs que celles-ci peuvent contenir, et encore moins dans la sphère publique, comme tu viens de le faire.*

*Tu as, par le biais de ce live, trahi l'esprit même des Compagnons du Pentagramme. Je ne sais pas lequel d'entre nous a pu t'induire autant en erreur, et nous nous en voyons profondément attristés et choqués.*

*Il est probable qu'une personne mal intentionnée t'aie manipulée afin de nous nuire et ainsi de détruire l'essence même des Compagnons du Pentagramme. Bien évidemment, tu comprends que nous nous devons donc de nous désolidariser d'avec toi, de tes actes, de tout ce qui concerne ce sacrifice et ainsi de t'exclure définitivement des Compagnons du Pentagramme.*

*Comme je t'apprécie beaucoup, je voulais tout de même te signaler que quelqu'un qui assistait au sacrifice, sûrement la même personne qui t'a manipulée, a piraté ton live et l'a mis en ligne sur la toile, via le réseau internet normal, dévoilant ainsi notre plateforme secrète aux yeux du monde.*

*Je reste persuadé que c'est une vengeance intrinsèque et personnelle, destinée exclusivement à démanteler notre groupe.*

*Toi, Naama, tu n'as été qu'un pantin dans cette histoire et j'en suis profondément désolé. Cette personne s'est servie de toi pour nous atteindre. Bien évidemment les autorités de ton pays sont alertées et à mon humble avis, au vu de la violence de ta vidéo, il ne te reste que peu de temps avant qu'ils ne te retrouvent. Certains parmi les nombreux spectateurs de ton live t'ont dénoncée, en écrivant ton identité, ainsi que ton adresse postale personnelle parmi les commentaires. Peut-être les connaitrais-tu ?*

*Je m'en vois vraiment navré pour toi. Et pour cette pauvre fille que tu as sacrifié en vain.*

*N'essaie pas de me répondre ou de me recontacter, ce message s'effacera aussitôt sa lecture terminée.*

*Gloire à Satan*

*DémonAZ568 »*

Après avoir lu son message, j'ai envie de chialer toutes les larmes de mon corps. Je regarde Mathilde, immobile. Sa peau est d'un blanc pâle terrifiant. En pleurs, je m'approche d'elle. Sa poitrine se soulève faiblement. Il faut être vraiment attentif pour remarquer qu'elle respire encore.

Mathilde a perdu énormément de sang, cependant, par je ne sais quel miracle, elle est encore en vie.

C'est sûrement un signe... Peut-être que si je la sauve, elle me pardonnera ma bêtise...

Dieu me donne une autre chance de me racheter ?

Pourquoi ai-je fait du mal à ma propre sœur ?

Comment est-ce possible d'être aussi naïve ?

Comment ai-je pu autant être dans le faux ?

Je ne suis qu'une égarée...

En l'espace de quelques secondes, j'ai déjà oublié toutes ces sensations provoquées par le sacrifice. J'ai perdu cette notion de toute puissance, de contrôle total. Je suis redevenue celle que j'étais avant. Une fille mal dans sa peau, banale, aigrie, rongée par la jalousie. La bête noire, la brebis galeuse de la famille. Je ne peux renier ce que je suis au fond de moi...

Mais cette fille, malgré ses multiples défauts, n'était, au fond, pas si mauvaise que cela.

Je vais probablement aller en prison. Moisir entre quatre murs défraichis. Voilà ma destinée... Loin de la vie dont j'ai rêvé, du succès, de l'estime...

Non. Je suis sûre que je peux encore me rattraper... S'il vous plaît mon Dieu, aidez-moi... Tout n'est pas totalement perdu. Si vous sauvez ma sœur, je vous promets de récuser Satan… Je vous promets de vous louer jusqu'à ma mort.

S'Il vous plaît !

— Mathilde, accroche-toi ma belle !

Son pouls est faible. Elle a perdu trop de sang. Je dois faire quelque chose pour la tirer d'affaire… Au-delà de l'aspect judiciaire, il faut que je me rachète une conscience auprès du Seigneur.

Sans hésiter la moindre seconde, je me tranche le poignet à l'aide du couteau sacrificiel. J'enlève le foulard de sa bouche, et pose délicatement ma plaie sanguinolente sur les lèvres de ma soeur. J'ai vu une vidéo la dernière fois sur le darknet, dans un forum ayant pour sujet le vampirisme, j'espère que cela fonctionnera.

Dans cette courte séquence d'à peine trente secondes, la personne mourante buvait le sang de l'autre et ainsi, revenait miraculeusement à la vie.

S'ils ont réussi à sauver quelqu'un grâce à cette technique, alors je peux y arriver moi aussi.

Car je reste persuadée que sur le net, tout demeure possible.

J'y crois dur comme fer.

Mais Mathilde ne respire plus. Son cœur s'est arrêté de battre.

Elle git, livide, sur la table.

— Mathilde, ça va ? Mathilde ? je lui murmure.

En vain.

Mon Dieu, suis-je tout de même destinée à l'enfer ?

Mon Dieu, s'Il vous plaît, par pitié, répondez-moi !

# 7

# Hakim

*Ice Slip Challenge*

*« C'est par lâcheté que l'on perd ses amis, et pour les avoir perdus, on devient encore plus lâche. »*

Jean Rostand

Josh et moi sommes amis depuis le cours préparatoire. Enfin, étions amis. Vous connaissez cet ancien proverbe Africain : ton pied, mon pied ? Celui-ci nous correspondait parfaitement. Une amitié véritable, pure, sans aucune ombre au tableau.

Au-delà de notre complicité, j'ai toujours eu de l'admiration pour Josh. Sa personnalité solaire, sa bienveillance, son sourire charmeur.

Joshua a toujours été le plus charismatique de nous deux. Le plus téméraire également. Toutes les filles l'adoraient. Elles le trouvaient mignon.

Au collège, elles le surnommaient « *gueule d'amour* ». Ce surnom lui a longtemps collé à la peau.

Même s'il était clairement le plus doué de nous deux, et ce dans tous les domaines, je n'ai jamais été jaloux de sa popularité.

Jamais.

Nous entretenions une relation amicale des plus saines. Il n'existait aucune concurrence, aucune rivalité.

C'est pourquoi je préfère d'ores et déjà faire taire les ignorants, en précisant que la théorie foireuse selon laquelle ma prétendue jalousie m'aurait poussé à me venger de Joshua, ne tient clairement pas debout. C'est important pour moi de vous le dire et ainsi de pouvoir remettre les choses dans leur contexte.

Si je suis là à vous écrire tout cela, c'est avant tout pour rétablir la vérité. Des dizaines de fausses rumeurs se sont propagées sur son accident, j'ai été convoqué plusieurs fois à la gendarmerie, j'ai dû me défendre seul, expliquer et rapporter les faits avec le plus de détails possibles.

Cette épreuve fut assez difficile pour moi. J'ai passé des nuits et des nuits à ruminer. À me demander si, au fond, je n'étais pas devenu un monstre. Si j'avais mérité son amitié.

L'enquête étant bouclée, je peux enfin me libérer, écrire l'histoire de ce fameux jour, chose que, jusqu'à présent, je n'avais jamais eu le droit de faire sans de nombreuses autorisations en bonne et due forme.

Même si je me déleste d'un poids, toutefois, j'ai pleinement conscience que ce qui s'est passé est entièrement ma faute. C'est bien moi et personne d'autre qui ai entrainé Josh sur le chemin de la grande faucheuse et qui l'ai livré entre ses grandes mains griffues.

Je ne rajoute rien en vous disant à quel point je m'en veux…

Une année s'est écoulée depuis et j'ai toujours du mal à l'assumer.

Vous allez comprendre pourquoi.

Aujourd'hui, c'est donc la première fois que j'arrive à m'exprimer librement, que j'écris notre histoire.

Ces quelques mots me font du bien. Je ne vais pas vous le cacher, ils font partie d'un long processus de guérison que ma psychothérapeute m'a fortement conseillé.

Je ne suis pas là pour vous parler que de moi et laisser traîner l'introduction. J'ai un récit à vous raconter et surtout, un hommage à rendre à mon ami, mon frère de cœur, Joshua Keller, « *gueule d'amour* ».

Laissez-moi vous expliquer.

Sur TikTok, il y avait un challenge qui tournait pas mal à l'époque. Cela s'appelait le « *Ice Slip* ».

Comme la plupart des challenges présents sur le net, que ce soit sur les différents réseaux sociaux, ce défi venait des États-Unis. Ils ont toujours eu des idées étranges là-bas… Je ne sais pas pourquoi… Il doit y avoir un truc dans la bouffe qui rend certains d'entre eux complètement stupides…

Vu que nous copions tout sur les Américains – quand je dis nous, je généralise, bien entendu – y compris leurs idées les plus débiles, forcément, nous avons voulu les imiter.

Le concept du « *Ice Slip* » était simple. Je précise bien « *était* » car depuis le drame, vous vous doutez bien que les autorités l'ont tout bonnement interdit, compte tenu de sa dangerosité avérée.

Grâce à nous deux, des vies ont été sauvées, je présume, c'est d'ailleurs ce que je me dis tous les jours pour me rassurer. Cela me permet aussi de me déculpabiliser un peu.

Mais revenons plutôt à notre récit.

Pour effectuer ce challenge, il suffisait de trouver un lac, un étang, ou toute autre surface d'eau gelée, puis de se filmer en train de glisser dessus. Certains le faisaient à plat ventre, d'autres debout. La plupart chutaient, se mangeaient des gamelles phénoménales et cela faisait rire leurs abonnés. Jusqu'ici rien de bien méchant me direz-vous.

Ainsi, tous les jeunes de notre âge dotés d'un petit grain de folie s'essayaient à ce challenge. Nombreuses, les vidéos défilaient. De fil en aiguille, les vues augmentaient aussi. De ce fait, le Ice Slip Challenge est très rapidement devenu un des trends les plus suivis sur la toile.

Bien que super dangereux, celui-ci était énormément répandu sur les réseaux, et la majeure partie de ce challenge se déroulait sur TikTok.

Le Ice Slip revenait toujours dans mes suggestions « *pourtoi* », comme si la plateforme me lançait des messages subliminaux.

« *Allez ! Vas-y ! Fais-le Hakim ! Allez, essaie !* »

Vous savez la petite voix que prend votre conscience pour vous susurrer des conneries dans le creux de l'oreille. Je ressentais la même chose.

Tous les jours pendant deux semaines, ce satané Ice Slip Challenge occupait en permanence mon fil d'actu. Matin et soir, pas un seul instant sans que je puisse voir quelqu'un l'exécuter.

Cela en devenait presque du harcèlement. C'est seulement aujourd'hui que je me dis que nous avons été, et nous le sommes toujours pour certains tout du moins, conditionnés à mort par tous ces réseaux. Sans cette idée stupide, Josh serait probablement encore en vie à l'heure où je vous parle. Et moi, j'irais sûrement mieux qu'à l'heure actuelle.

L'ennui joue beaucoup sur les gens. En tout cas, pour moi, c'est l'ennui qui m'a poussé à me comporter en véritable addict.

Mon téléphone a remplacé mes potes quand ceux-ci n'étaient pas à mes côtés. Il a remplacé ma famille quand elle ne me comprenait pas. Il m'a accompagné nuit et jour, dans ma poche, sur mon lit, tout le temps, comme un ami fidèle. J'ai compris depuis que tout cela n'était que du vent. Que le temps que j'ai perdu dessus à scroller[31] des vidéos débiles n'est plus rattrapable. Qu'aucune foutue application, aucun foutu réseau ne ressuscitera Joshua. Que tout ceci n'était que de la poudre aux yeux.

Je vais essayer de me défendre en disant cela, mais vous savez, lorsque vous vivez en zone rurale comme nous, les journées se ressemblent énormément.

Autour de mon village, s'étendent des champs à perte de vue. Niveau ambiance, ce n'est pas vraiment passionnant.

En semaine, seulement un bus assure la liaison avec la ville.

Un seul également le week-end et vous n'avez pas intérêt à le louper sinon vous pouvez dire adieu à ce que vous aviez prévu. Il faut donc, plus que les citadins, tout prévoir à l'avance, s'organiser pour chaque sortie…

Cet état de fait, la désertification, touche particulièrement les zones rurales. Ici, pas de cinéma, pas de magasins, pas de restos.

La Wi-Fi et la télévision, et bien évidemment le téléphone, malgré la connexion déplorable sont alors d'un grand secours. Notamment les longues journées d'hiver, quand il fait nuit tôt.

---

[31] Faire défiler des vidéos, photos à l'aide de ses doigts sur l'écran

Concernant les loisirs… Je ne vous en parle même pas. Mis à part le vieux bar-tabac-pmu-épicerie où traînent encore quelques alcooliques irréductibles et quelques mamies éclopées, à notre âge, nous n'avons pas grand-chose à faire de nos journées.

Par exemple, beaucoup de jeunes habitants des villages comme le mien, consomment de la drogue ou de l'alcool, juste pour passer le temps. Même si je ne partage pas forcément leurs délires, je peux les comprendre. Sauf que ma drogue à moi était totalement légale.

Ce n'était pas vraiment une question de choix, plutôt une question pratique. Le temps défile plus vite quand on scrolle les vidéos les yeux collés à son écran.

On a l'impression d'être connectés en permanence avec le monde. Cela rassure un peu de savoir que l'on n'est pas tout seul.

J'avais besoin de me sentir rassuré à l'époque. Je l'ai toujours ce besoin, cependant j'ai changé mon rapport aux réseaux, à internet.

Il a fallu que Joshua disparaisse pour que j'en prenne conscience, c'est cela le plus triste.

À quelques centaines de mètres de chez moi, se trouve un lac, ou plutôt un étang, qui en période hivernale, gèle facilement.

Il se situe derrière une ancienne ferme abandonnée, au beau milieu d'une sorte de bosquet dense constitué d'épineux.

L'eau dégueulasse et marécageuse, envahie de nénuphars et d'algues parasites, pue l'œuf pourri. C'est une odeur très particulière, reconnaissable parmi cent.

Avec Josh, avant le drame, nous allions souvent là-bas, munis des épuisettes de son père.

Dès l'apparition des beaux jours, nous courions joyeusement y attraper des têtards, parfois même des grenouilles, si la chance venait à sourire.

Du coup, j'ai immédiatement fait le lien avec l'endroit : cet étang était le lieu idéal pour s'essayer au Ice Slip Challenge. Il réunissait tous les critères.

C'est donc naturellement et sans aucune mauvaise pensée que j'ai proposé à Joshua de m'y accompagner, afin d'effectuer un simple repérage. Je ne lui ai pas tout de suite expliqué la raison de notre expédition. Je ne comptais pas faire le challenge, j'avais bien trop peur, cependant, je voulais simplement voir si la glace tenait bon et si elle pouvait convenir au cas où je changerais d'avis. Cette petite voix dans ma tête continuait à me marteler l'esprit en permanence.

Lorsque l'on est arrivés tous les deux devant l'étang, elle a redoublé d'intensité.

*« Essaye… Hakim… Allez… »*

L'envie de réaliser le Ice Slip ne m'a pas pris par surprise, non, elle s'est insidieusement immiscée en moi, jusqu'à me faire plier totalement.

Je me disais, après tout, peut-être était-ce l'occasion rêvée d'exister un peu… De se faire une renommée sur TikTok.

J'avais entendu des rumeurs comme quoi certains tiktokeurs gagneraient jusqu'à dix-mille euros par mois…

Le rêve ultime… Faire de l'oseille facilement… L'occasion de quitter ma campagne natale, et pourquoi pas monter sur Paris par la suite.

Je délirais complètement, je vous l'avoue. J'avais en tête ce montant phénoménal et cette idée ne me quittait plus.

Surmotivé, j'ai montré plusieurs vidéos du challenge à Josh. Nous nous sommes assis sur un tronc à moitié gelé à côté de l'étang. Josh a regardé les différentes vidéos avec attention.

Il m'a souri et sans hésiter, il m'a tout de suite dit qu'il allait le faire lui aussi. Qu'il n'avait pas peur de glisser sur la glace.

Au contraire. Cela l'excitait. Il était toujours partant pour accomplir de nouveaux défis.

Je venais, sans le savoir, de signer son arrêt de mort. Pour moi c'était inconcevable qu'il lui arrive quelque chose.

Beaucoup d'adolescents se croient immortels. J'en faisais clairement partie. Je ne pouvais me douter de ce qui allait se passer. Je ne voyais que les côtés positifs du challenge.

Les vues, les abonnés, la notoriété, l'argent.

« *Toute façon le lac est gelé, et la glace est épaisse… ça ne craint rien…* » m'a-t-il dit, confiant.

Il avait ce sourire radieux qui le caractérisait si bien, celui-là même qu'il lui avait valu son surnom. C'est la dernière fois que j'allais le voir sourire.

À ce moment-là, je reconnais n'avoir clairement pas été un bon ami, car je n'ai nullement essayé de l'en dissuader. Au contraire, j'étais plutôt content d'endosser le rôle confortable de celui qui filme. Moi, j'avais juste à tenir mon téléphone depuis la rive tandis que Josh glisserait sur l'étang. Le rôle le plus simple… Le plus lâche aussi…

Ensuite, je posterai la vidéo sur mon compte TikTok. Et puis, nous attendrions tous les deux que les vues grimpent…

« *Si tu gagnes de l'argent avec la vidéo, on partage par contre…* » s'est réjoui Joshua en me regardant.

Nous sommes repassés rapidement chez lui afin qu'il se change. Il avait voulu mettre son survêtement fétiche et un sweat coloré le plus cher. Selon lui, il fallait qu'il soit présentable pour la vidéo.

Histoire de « *marquer les esprits...* »

Je me rappelle lui avoir dit :

« *Tu n'as pas peur de l'abîmer ?* »

« *Si on perce sur TikTok, je pourrais m'en racheter plein...* »

Voilà ce qu'il m'avait répondu. Notre naïveté doit probablement vous énerver... Je le comprends... La suite de mon histoire est pire encore. Tout s'est assombri lorsque nous sommes revenus à l'étang.

Mauvais présage ou pas, les arbres qui l'entouraient paraissaient nous observer, ornés de leurs branches mortes. Il faisait froid. J'avais les doigts complètement ankylosés par le souffle glacial du vent.

En regardant Josh, j'ai saisi mon téléphone et lancé l'appli TikTok. Il m'a fait un signe de la tête.

J'étais prêt. Facile, me direz-vous... Je n'avais simplement qu'à appuyer sur le bouton enregistrement... Ce n'est pas moi qui allais faire le job... Ce n'est pas moi qui allais risquer ma vie.

Josh a jeté un énorme bâton en plein sur la mare gelée. Le morceau de bois a atterri dessus sans faire de trou dans la glace. Il a juste laissé une petite trace ressemblant à une cicatrice blanche.

La glace avait l'air solide, tout du moins vue d'ici.

Alors sur un ton enthousiaste et enjoué, Josh m'a lancé : « *Vas-y commences à filmer* ».

Naturellement, je me suis aussitôt exécuté. Au début, je tremblais un peu, les mains glacées, puis j'ai réussi à me stabiliser.

Il a posé un premier pied sur l'étang. Pas de craquement à l'horizon. Je cadrais le mieux possible, je ne tremblais plus du tout. Je voulais que la vidéo soit parfaite. J'avais déjà réfléchi aux effets et aux filtres que j'allais pouvoir ajouter dessus, afin de sublimer celle-ci.

« *C'est bon Hakim, je peux y aller ?* »

J'ai hoché la tête pour acquiescer.

Josh a posé son autre pied sur la glace, sans perdre l'équilibre. Il a regardé vers l'objectif de mon téléphone, a pris son élan, puis s'est mis à courir comme un dératé.

Les deux bras tendus vers le ciel blanc d'hiver, tel un patineur artistique sous les feux des projecteurs, Josh a glissé jusqu'à atteindre le milieu de l'étang. Cela ne lui a pris que dix secondes tout au plus. Je me souviens m'être réjoui de sa prestation. Sa glissade, magnifique, m'a donné quelques frissons de satisfaction.

Quel superbe Ice Slip il venait de réaliser ! J'étais surpris de l'aisance avec laquelle il était parvenu à réussir le challenge, qui plus est sans le moindre entrainement. Cela n'a fait que renforcer l'admiration que je lui vouais déjà.

De plus, la vidéo allait faire un carton, c'était obligé. Jamais encore je n'avais vu une telle qualité parmi les autres vidéos. À tous niveaux, Josh les avait toutes détrônées. Même celles tournées aux U.S.A ne faisaient pas le poids contre son Ice Slip.

J'étais tellement content et satisfait d'avoir pu tout filmer.

Je lui ai demandé de revenir vers moi. Ses doigts formaient un V, en signe de victoire.

*« Viens voir la vidéo Josh ! C'est une tuerie ! »*

C'est là que tout s'est gâté. Lorsqu'il a voulu revenir vers la rive sur laquelle je me trouvais, il a fait une tête bizarre. Il ne bougeait plus. J'ai vu la panique envahir son visage d'un seul coup. Cette vision ne me quitte plus depuis.

*« La glace est en train de grincer »* m'a-t-il dit. *« Tu penses que c'est profond en dessous ? »*

Je me souviens avoir ressenti un long frisson de terreur.

Démuni, je ne savais plus quoi lui répondre. Sa voix n'était plus la même qu'au début. Josh avait perdu sa témérité. Mon cœur commençait à s'emballer furieusement.

Dans un geste désespéré, il a tenté de courir vers moi et c'est là qu'accompagnée d'un bruit craquement terrifiant, la glace a cédé sous son poids. Le ciel s'est effondré sur les lieux. J'ai vu mon meilleur ami disparaître d'un seul coup, englouti par l'eau noire et glacée de l'étang.

Pris d'un réflexe stupide, je me suis mis à filmer la scène. J'ai essayé de m'avancer sur la glace, mais j'ai senti immédiatement des craquements rugir sous mes pieds. Si je marchais dessus, tout allait céder. J'allais moi aussi disparaître.

Voyant qu'il ne remontait plus, je me souviens avoir crié son prénom plusieurs fois. Je ne sais pas combien de temps cela a duré avant que je me décide enfin à appeler les secours.

Lorsque les pompiers sont arrivés, ils m'ont immédiatement questionné. Deux d'entre eux se sont équipés et sont partis récupérer Josh. Ils ont mis du temps à repêcher son corps.

Ils l'ont sorti devant moi. Assister à cette scène effroyable était ma punition. Je méritais de voir la mort en face.

Josh était devenu tout bleu. Il ne souriait plus. Ses yeux, grand ouvert, témoignaient de la souffrance subie. Son visage paraissait effrayé. On pouvait lire sur ses traits qu'il avait souffert le martyre. L'eau glacée ne pardonne pas. Elle tue, simplement.

C'était horrible.

Vous savez, le visage de Joshua me hante la nuit. C'est la dernière image que j'ai de lui. J'ai beau essayé de l'effacer de ma mémoire, elle revient toujours, comme si elle ne voulait pas que je l'oublie. Comme si je devais vivre cette effroyable vision éternellement.

C'est ma malédiction.

Quand je suis rentré chez moi, le soir, après avoir passé le reste de mon après-midi à répondre aux questions des gendarmes, j'ai voulu rendre hommage à Josh. C'est stupide, je le sais... Certains d'entre vous trouveront sûrement ma réaction dénuée de sens.

Je ne sais pas trop ce qui m'a pris, j'ai posté la vidéo de sa glissade sur TikTok. Puis je me suis affalé sur mon lit, tantôt riant, tantôt pleurant, et j'ai passé la nuit sur mon téléphone à regarder les vues grimper.

En quelques heures, la vidéo du Ice Slip de Joshua a engrangé beaucoup de vues.

Sur le réseau, la rumeur tournait qu'il était mort en effectuant le challenge. Je ne sais pas qui avait lancé cela, mais les vues se sont alors multipliées.

Elle est devenue virale au point d'être classée numéro 1 du top tendances.

Tant et si bien que quelques jours après la disparition de Josh, ses parents sont venus me voir, ils m'ont demandé gentiment de l'effacer, de la retirer de la plateforme, mais je n'ai pas voulu.

J'ai senti une immense tristesse au fond de leur regard. Mes parents m'ont également demandé de le faire. Ils ne comprenaient pas que pour moi, cette vidéo était une manière de me persuader que Joshua était encore en vie…

Compte tenu des multiples pressions exercées par sa famille, des menaces de plaintes, j'ai été forcé de la retirer de TikTok. Je comprends leur décision et leur insistance, toutefois, je trouve cela dommage.

Son challenge était tellement magnifique…

Pour conclure, je peux vous dire que grâce à cette vidéo, j'ai pu décrocher un contrat avec une marque de vêtements.

La même marque que le sweat porté par Josh, le jour de son Ice Slip. Je sais qu'il aurait été fier de moi. Je sais qu'il est fier de moi, j'en suis sûr, peu importe où il se trouve, il me voit, et il arbore son plus beau sourire.

Gueule d'amour…

Cette vidéo, que j'ai gardée au chaud dans mon téléphone, je la visionne tous les soirs avant de m'endormir.

Elle me rappelle notre amitié.

Elle me rappelle les bons moments passés avec lui.

Elle me fait également prendre conscience de la dangerosité de suivre aveuglément des challenges, des influenceurs.

Avec mélancolie, elle me chuchote surtout que personne ici-bas n'est immortel, y compris les plus jeunes.

Avant que Joshua ne soit prisonnier de la glace par ma faute, j'ai moi-même été prisonnier.

Prisonnier de la toile.

Malgré ce drame, je ne veux pas l'effacer de mon téléphone, non, c'est le dernier souvenir que j'ai de mon ami Joshua Keller.

Je n'oublie pas que c'est cette vidéo qui l'a propulsé aux rangs des légendes éternelles.

Souhaiteriez-vous que je la remette en ligne ?

Si cela vous intéresse, j'ai créé une pétition, voici le lien pour la signer :

*www.petition.org/joshuakellericeslipback*

Quoi ?

Vous trouvez cela immoral ?

# 8

# Charlotte

*En charge*

*« Si la maternité est le Sacrifice même, être fille c'est la Faute que rien ne pourra racheter. »*

Milan Kundera

L'unique fois où j'ai confisqué le téléphone de ma fille Laura, a suffi à détruire notre vie. C'est fou comme l'existence est imprévisible. Comme tout peut basculer soudainement sans la moindre possibilité de revenir en arrière.

Je vais vous raconter ce qui s'est passé, et comment, cette décision d'apparence anodine, est venue bouleverser à jamais notre quotidien.

Un soir, après avoir appris une nouvelle peu réjouissante, j'ai couru immédiatement jusqu'à la chambre de ma fille afin de lui confisquer son téléphone portable.

Elle s'est effondrée en pleurant et hurlant comme une hystérique. Elle m'a même menacée de mort. Vous vous rendez compte ? On peut dire que sa réaction disproportionnée m'a véritablement impressionnée. Je ne la pensais pas capable d'avoir ce genre de comportement extrême et encore moins vis-à-vis de moi.

Vous voulez connaitre la raison de cette punition ?

C'est simple, Laura, mon adolescente de treize ans, a envoyé ce que les jeunes appellent vulgairement un « *nude[32]* » à une de ses camarades de classe.

Pour faire la grande ou faire comme les autres, je ne sais pas trop ce qui lui a pris.

Bien évidemment, la fille à qui elle a transmis la photo de ses parties intimes n'a pas perdu de temps pour les montrer à tout le monde.

Comment Laura a-t-elle pu croire que sa camarade allait garder cette exclusivité pour elle toute seule ? Qu'est-ce qu'elle a pu être naïve…

Cela m'énerve quand j'en parle, et m'émeut également. La photo de son sexe en gros plan a donc fait le tour du collège comme une trainée de poudre.

Laura s'est vue rapidement insultée de tous les côtés. Les attaques gratuites, nombreuses, ainsi que les moqueries ont redoublé d'intensité.

Un jeune mal intentionné l'a même partagé sur un réseau social. Heureusement qu'une de mes connaissances a entendu l'histoire et a pu me prévenir à temps. Grâce aux multiples signalements, nous avons réussi à la faire enlever de la toile.

C'est d'ailleurs comme cela que j'ai été mise au courant de l'existence de cette photo. Sinon, je serais

---

[32] Photo de soi nu ou partiellement dénudé que l'on prend soi-même avec son smartphone

totalement passée à travers. On ne peut pas toujours être derrière ses enfants, encore moins lorsque ceux-ci passent leurs temps accrochés à leurs smartphones.

Quel fléau !

Bien évidemment, j'ai été déçue, en premier lieu, puis je me suis sentie honteuse, salie.

Déçue car elle avait partagé naïvement une photo de son sexe… Car je n'avais pas su la protéger.

Je me sentais surtout inutile, incapable. Faillir au rôle le plus important qu'une mère peut avoir en charge, autrement dit celui de protéger son enfant, est une chose que je ne souhaite à personne.

Je me suis sentie salie parce que des inconnus avaient eu accès au sexe de ma fille. Qui sait ce qu'ils ont pu faire de cette photo ?

J'ai bien quelques idées là-dessus mais je ne préfère même pas l'imaginer. Rien que d'y penser, cela me dégoûte.

Pourtant, vous savez, je ne l'ai pas éduquée comme cela ma Laura. Je lui ai toujours appris à se méfier des autres, à ne pas donner sa confiance trop tôt. Malheureusement, il faut croire qu'elle n'a rien retenu de mes longs discours préventifs. Comme quoi, cela vaut-il la peine de se donner du mal ? De continuer de prêcher la bonne parole à tout va alors que votre enfant s'en fiche complètement de votre avis ?

Je ne suis plus très sûre de rien désormais. Cette histoire a tout chamboulé en moi.

Depuis le drame, je passe mes soirées à me remettre en question. Qu'aurais-je pu faire de plus ? Ai-je pris la bonne décision ? Comment aurais-je pu éviter cela ?

Ces interrogations me hanteront jusqu'à la fin de mes jours, je le sais, je dois apprendre à vivre avec. D'ailleurs je vis avec, pas le choix.

En tout cas, avant que tout cela n'arrive je lui faisais confiance. Une confiance presque aveugle. Je n'ai pas installé d'application de surveillance, je n'ai pas bridé son téléphone. Laura était libre. Jamais je n'aurais pu imaginer une seule seconde qu'elle puisse prendre ce genre de photos explicites.

Encore moins les envoyer à quelqu'un.

Pour moi, ce n'était encore qu'une gamine innocente. La sexualité, la pornographie, tous ces sujets sensibles paraissaient tellement éloignés.

Quand je vois la différence avec notre génération et la leur, j'aurais tout de même dû m'en douter… Je crois tout simplement que je me suis aveuglée. Cela m'arrangeait de ne pas y penser.

À son âge, je jouais aux poupées, je n'étais pas scotchée en permanence sur les écrans, je ne passais pas mon temps sur les réseaux sociaux.

Premièrement, je n'avais pas internet et tous les vices que cela ramène. Deuxièmement, je ne pensais jamais au sexe… Toutes ces pensées interlopes sont arrivées bien plus tard… Au lycée, quand j'ai commencé à fréquenter des garçons, flirtouiller, je devais avoir seize, dix-sept ans…

Je sais que mes paroles rappellent beaucoup celles de ces vieux et vieilles aigris, ces « *boomers[33]* » comme nous surnomme les jeunes d'aujourd'hui. C'est une triste réalité. Sans téléphone portable, ni réseaux sociaux, nous vivions mieux. Il y avait moins de tentations, moins d'influences… Sans téléphone, ma fille n'aurait jamais pu envoyer une photo de son sexe à qui que ce soit… Elle n'aurait jamais fait ce qu'elle a fait…

Alors pour qu'elle comprenne la gravité de son acte, j'ai pris la responsabilité de la sanctionner. Ma décision a été sans appel : un mois sans smartphone. J'ai planqué son téléphone dans ma table de nuit, à l'intérieur d'une de mes boites à bijoux, puis j'ai caché son chargeur tout en haut de mon dressing.

Au cas où.

Je savais que Laura était très maligne. Déjà toute petite, elle s'amusait à chercher où étaient cachés les cadeaux de Noël. La plupart du temps, elle les trouvait facilement.

---

[33] Terme méprisant signifiant « vieux »

Cette fois, je voulais marquer le coup. Qu'elle saisisse la gravité de ses agissements.

Le premier jour de punition a été pour Laura un véritable calvaire. Je la voyais dépérir à petit feu. Frustrée et à bout de nerfs, elle a même tenté de me frapper. J'étais tellement surprise par son geste que je lui ai hurlé dessus à m'en faire péter la jugulaire. Elle a pleuré toute la journée dans sa chambre. Elle s'est cogné la tête contre les murs, s'est arraché les cheveux, s'est mordu les bras jusqu'au sang. On aurait dit une psychotique, pire, même si je n'aime pas trop ce terme, une possédée.

Ne plus avoir accès au reste du monde était, pour elle, bien trop dur à supporter. Elle n'avait pas voulu d'un ordinateur portable.

Seul son téléphone suffisait.

Les smartphones d'aujourd'hui sont tellement complets que l'on n'a même pas besoin de posséder un ordi en complément. Tout se trouve déjà à l'intérieur.

Lui confisquer signifiait donc confisquer son unique moyen de communication. C'était l'objectif principal de ma punition.

Vous imaginez un peu… Une ado de treize ans dans un tel état simplement pour une punition ? Laura n'avait jusqu'à présent montré aucun signe de problème psychologique ou de pathologie quelconque. Aucun signe de violence, de rébellion, d'automutilation.

Là, elle me démontrait tout le contraire. Je ne la reconnaissais pas. J'ai découvert une autre personne. Elle avait le visage de Laura, mais son attitude différait complètement.

Comme je ne supportais plus l'entendre se faire du mal, j'ai fait irruption dans sa chambre pour tenter de la raisonner. Hors d'elle, ma fille n'a rien voulu savoir.

Alors, totalement démunie face à la situation, je n'ai pu me retenir et je l'ai giflé. Ma main est partie d'un seul coup, fort et rapide. Je ne voyais pas d'autre solution. Je sais bien que la violence est une faiblesse… Que pouvais-je faire pour qu'elle arrête de s'infliger tout ce mal ?

J'ai longtemps regretté cette gifle. Mon geste désespéré représentait un peu l'importance du fossé s'érigeant entre nos deux mondes.

Une génération face à une autre, en total décalage.

Il faut me comprendre. Je suis née au début des années quatre-vingt. Nous n'avons pas grandi avec les téléphones portables, les réseaux sociaux, contrairement aux jeunes de maintenant. Il existe donc une certaine discordance entre nous et la jeunesse d'aujourd'hui.

Comment pouvais-je comprendre ce manque qui commençait à la ronger ? Me rendre compte, qu'un simple téléphone était devenu si important à ses yeux, au point de la voir totalement perdre les pédales ?

Elle ressemblait à une droguée en manque. Toute forme de joie avait disparu de son joli visage. Elle ne souriait plus, ne voulait plus manger. Ses mains tremblaient d'anxiété en permanence. Elle demeurait effacée. Comme si son téléphone contenait une partie de son âme et que moi, la méchante, était venue lui extraire violemment de son corps, à grands coups de gifles.

Bien évidemment, étant donné nos rapports houleux, Laura s'est fermée au dialogue. Elle ne désirait plus du tout m'adresser la parole.

À cause de cette punition « *horrible* », selon ses propres mots, j'étais devenue une sorcière et même plus encore, son ennemie jurée. Ses propos m'ont énormément touchée.

On ne met pas au monde un enfant pour qu'il vous balance ce genre de choses à la tronche, sans la moindre once de pitié. D'habitude, c'était son père le méchant… Pas moi… Je ne voulais pas assumer ce rôle…

Parfois nos gosses ont besoin de cracher leur venin, et en tant que figure d'autorité, forcément, c'est sur nous que cela tombe. On a beau s'y préparer, cela fait toujours mal… Je ne m'attendais pas à autant d'ingratitude et de violence de la part de Laura.

Après lui avoir donné cette gifle, je suis partie dans ma chambre et me suis mise à pleurer. J'avais besoin de soutien, d'appui, alors j'ai appelé mon ex-mari, le papa de Laura.

Lorsque ce dernier est parti de la maison, il nous a laissé toutes les deux. Cela a été une période très difficile pour elle. Elle n'avait que huit ans à l'époque. Elle n'a jamais compris pourquoi son père avait quitté le foyer, comme cela, du jour au lendemain. J'ai fait tout mon possible afin de la préserver car je savais qu'au fond ma fille souffrait énormément de cette séparation, même si elle ne me le disait pas.

Attention, je ne remets pas la faute sur mon ex-mari, loin de là. Il avait ses raisons de partir. Nous avions chacun notre part de responsabilité dans ce fâcheux épisode.

Totalement perdue, je lui ai tout raconté au téléphone. Je lui ai expliqué ce que Laura avait fait, que j'avais pris la décision de lui confisquer son portable pendant un mois. J'avais besoin de partager ce que je ressentais. Je l'ai senti en colère au bout du fil. J'ai d'abord eu peur qu'il m'en veuille, qu'il m'engueule…

Cependant, pour la première fois depuis des années, nous étions tous les deux sur la même longueur d'onde.

Il m'a rassuré en me disant que ma punition était juste et que si jamais j'avais besoin de lui, alors je ne devais pas hésiter. Ses paroles m'ont fait du bien. Mes larmes ont cessé.

Lorsque j'ai raccroché, j'allais un peu mieux. J'étais soulagée d'avoir son soutien. Je ne me sentais plus seule face à cette responsabilité.

En revanche, la situation restait difficile à résoudre. Imaginez-vous que votre fille de treize ans agisse de la sorte. Qu'elle s'amuse à prendre des photos de ses parties intimes et de les envoyer à ses potes ? Dans quel but ? L'excitation ? L'interdit ? Je devais absolument creuser, afin de chercher à comprendre pourquoi elle avait agi ainsi. J'ai retourné le problème dans tous les sens, tant et si bien que j'en suis arrivée à cette conclusion basique : nos enfants grandissent trop vite.

C'est en partie la faute de tous ces réseaux, dans lesquels s'exposent en permanence tout un panel de tentations. Que l'on soit d'accord ou pas, c'est un fait. Si ma Laura n'avait pas eu de téléphone, probablement serait-elle encore capable de marcher à l'heure où je vous parle. Car oui, vous ne le saviez pas, je ne l'ai pas dit tout de suite, même si je pense que certains l'ont compris depuis le début…

À l'heure où je vous parle, ma fille Laura est handicapée à vie. Elle ne peut plus s'habiller seule, se laver. Je dois m'occuper d'elle en permanence. C'est un boulot à temps complet. Un boulot très difficile. Le plus dur, c'est de voir la personne que l'on aime souffrir sans que l'on ne puisse rien faire.

J'ai donc logiquement arrêté de bosser pour me consacrer entièrement à elle.

Je lui dois bien cela…

Deux jours après que l'histoire de ce nude se soit ébruitée, j'ai rencontré la psychologue scolaire et la CPE[34] du collège. J'ai pris l'initiative de les appeler afin de prendre rendez-vous le plus rapidement possible.

Je suis tombée des nues lorsque j'ai su qu'elles étaient au courant de l'histoire. L'équipe pédagogique n'a pas jugé utile de me prévenir. J'ai trouvé cela dingue. Au lieu de me rassurer, celles-ci m'ont avoué que ce genre de choses étaient « banales ».

« *Croyez-moi madame Derens, Laura est loin d'être la seule à l'avoir fait. Cela arrive aussi fréquemment que des plus jeunes, des Cm1, Cm2, le fassent… Nous n'en faisons pas une affaire d'état… C'est de son*

---

[34] Conseillère d'éducation principale

*âge...* » m'a balancé la CPE avec un aplomb phénoménal.

J'ai failli pousser un hurlement dans son bureau. J'ai trouvé leur discours complètement hors-sol, à la limite de l'immoral.

Puisque selon elles, prendre en photo son sexe était une pratique banale, il ne fallait donc pas s'en inquiéter. Allons-y gaiement alors, pourquoi s'en priver ? Partageons tous et toutes des photos de nos parties intimes... Divulguons nos sexes en pagaille sur le net !

Quels propos affligeants !

À défaut de passer pour la vieille conne aigrie, j'ai simplement souri, puis j'ai quitté le bureau. Je ne comprenais pas leur point de vue.

Dans ma tête, je me disais : comment les choses peuvent évoluer, si les personnes les plus aptes à parler de cela avec les adolescents, en l'occurrence ces soi-disant professionnels, continuent de tenir des discours pareils ?

C'est banal donc ce n'est pas grave !

Au contraire, moi je pense que c'est grave parce que c'est banal ! La banalité n'exclue en aucun cas la gravité des faits. Heureusement d'ailleurs.

Aujourd'hui, on a tendance à tout banaliser. Le sexe, la violence, le racisme, les addictions, la pédocriminalité… Pour moi ce genre de propos constitue un réel danger.

À notre époque, nous n'aurions jamais eu l'idée d'envoyer de telles photos à qui que ce soit, tout simplement car, de un, nous n'en avions pas les moyens technologiques et puis, de deux, nous n'avions pas cette mentalité, du moins pas à treize ans. Cette hypersexualisation des enfants est un véritable fléau. Ils sont constamment exposés à des choses qu'ils ne devraient même pas voir…

Et puis, qu'est-ce que le sexe à treize ans ? Que signifient pour des gosses de treize ans le fait d'avoir une relation sentimentale ? Se faire des bisous ? Se donner la main ? Je ne peux m'imaginer que des jeunes de leur âge ressentent des envies sexuelles pouvant les mener jusqu'à la fellation ou la pénétration. Ils prennent obligatoirement exemple sur, ou veulent faire comme… Pas d'eux-mêmes…

Non, pas ma Laura !

Impossible.

Pour moi, c'était inconcevable que ma fille pense ainsi.

Malheureusement, notre société actuelle fait tout pour que les jeunes grandissent trop vite.

Les réseaux sociaux les pervertissent, les incitent subliminalement et on a beau vouloir lutter contre, on ne peut rien faire. À toutes ces déviances, un jour ou l'autre, malgré notre vigilance, nos gosses y seront, que l'on le veuille ou non, eux aussi exposés.

Moi, j'ai essayé d'interférer. J'ai tenté de lui confisquer cet objet, ce soi-disant outil du progrès technologique, pour son bien… Simplement, c'était trop tard, ma fille était déjà lobotomisée par son téléphone, par cette impression d'en avoir tout le temps besoin, parasitée, pourrie de l'intérieur comme un fruit par les vers.

De ce fait, ma punition a provoqué l'inverse de l'effet escompté.

Comme toute mère consciencieuse, je me suis d'abord mise à regretter cet achat. Je me souviens que le jour où je lui ai offert, Laura était tellement fière, tellement heureuse de pouvoir enfin être comme les autres. Elle avait un sourire que je n'oublierai jamais. Elle était radieuse. Grâce à ce smartphone, je venais d'acheter son bonheur…

Qu'aurais-je du faire ? La priver ? L'empêcher ? La marginaliser ? Si vous me posez la question aujourd'hui, alors je vous répondrais sans hésiter un grand oui. Car la priver, l'empêcher et la marginaliser signifiait en réalité la préserver. Clairement.

Vous savez, le moule social est un cercle vicieux. Si vous n'entrez pas dans les critères de la société, que vous n'êtes pas à la mode, que vous ne portez pas des chaussures de marques, des blousons comme les autres, alors, vous êtes systématiquement rejetés.

Ccla existait déjà dans les années quatre-vingt et quatre-vingt-dix, quand j'étais petite. Il ne faut pas se mentir, nous n'en étions pas arrivés à un tel point de malveillance, à un tel niveau de débilités, à une telle régression culturelle…

Très peu d'adolescents de treize ans, en deux-mille-vingt-trois, ne possèdent pas de téléphones portables.

Et qu'est-ce que l'on fait de ceux-là ?

On les envoie dans des camps ? On ne peut pas faire comme s'ils n'existaient pas. Savez-vous ce qui se passent pour ces gamins ? On les catalogue, on les discrimine, et eux-mêmes en viennent à ressentir ce manque. Ils se demandent pourquoi ils ne sont pas comme les autres. On se moque d'eux. On les stigmatise.

On les traite d'extraterrestres.

Notre société actuelle a fabriqué des pseudos besoins fondamentaux, alors qu'à la base, ce n'en sont clairement pas. Les jeunes n'ont pas besoin de leur téléphone pour vivre, ni d'avoir accès aux réseaux sociaux et encore moins de chercher des réponses à leurs questions sur Google. Non. Tout cela n'est qu'une mascarade, une illusion. Ce n'est un vulgaire mirage pour vendre plus, consommer plus, abrutir plus.

Laura faisait partie de ces jeunes à qui la société moderne, sous prétexte d'avancées technologiques, avait réussi à retourner le cerveau jusqu'au dernier palier. Le dernier stade avant la soumission.

Ma fille est donc restée dans sa chambre tout le week-end précédant son tragique accident. J'ai fait de multiples tentatives d'approches. Sous toutes les formes. Des douces, des plus vindicatives, sans succès. Elle ne voulait plus du tout m'adresser la parole.

Alors sans grande conviction, je suis passée à la menace. Je lui ai dit que si elle ne voulait plus me parler, alors elle n'avait plus rien à foutre chez moi. Je lui ai balancé que j'étais sa mère et qu'elle devait me répondre. J'ai joué la dictatrice, j'étais à court d'arguments.

Discours complètement stupide. Je n'en pensais bien sûr pas un traître mot. J'étais tellement en colère. Elle remettait la faute sur moi alors que tout ce que je faisais servait à l'aider. J'avais l'impression que Laura ressentait plus de rage contre moi, que contre la petite peste qui avait balancé son nude aux autres. C'était moi qui l'empêchais de se connecter au reste du monde.

Sans son téléphone, elle se sentait seule et abandonnée. Elle ne pouvait plus converser le soir avec ses copines. Elle n'était plus au courant des faits d'actualité. Des potins du collège. Par ma faute, elle se retrouvait exclue du cercle social numérique.

J'étais désarmée. Le dimanche soir, elle est venue à table avec moi. Elle s'est assise en face, elle ne m'a pas regardé dans les yeux. Je l'ai servi. J'étais contente qu'elle s'ouvre un peu. Même si nous sommes restées silencieuses tout le long du repas, au moins, elle était là, devant moi.

C'était une première approche. Elle avait les yeux rougis par les larmes et des plaques rouges s'étaient formées sur ses joues ainsi qu'autour de ses paupières.

Lorsqu'elle a fini de manger, elle est immédiatement repartie se cloîtrer dans sa chambre. Cette petite lueur d'espoir m'a fait du bien. Je me suis dit qu'elle ne resterait pas longtemps en colère contre moi.

Le lendemain matin, je l'ai emmené au collège, comme d'habitude. Un froid régnait entre nous durant le trajet. Elle ne m'a pas dit aurevoir, rien. Elle a juste claqué la portière de la voiture.

Trois jours déjà sans son téléphone, et j'avais l'impression qu'elle s'était faite une raison. Lorsqu'elle est rentrée du collège le soir, elle est montée dans sa chambre, sans un mot. Cette fois j'en ai eu marre, et j'ai débarqué comme une furie.

Je voulais que l'on discute, mais je n'arrivais pas à me calmer. Comment pouvais-je avoir une conversation construite dans l'état où j'étais ? Elle m'a totalement ignorée. Me sentant bouillir, j'ai préféré sortir de sa chambre. J'allais la frapper. De nouveau, je sentais la colère monter en moi.

Je commençais à me remettre en question. Peut-être avais-je été trop dure avec elle ? Sûrement qu'un mois sans téléphone, c'était beaucoup. J'avais son portable dans la poche de mon jean, et je me suis dit ce soir-là :

« *Rends-lui Charlotte, elle a compris* »

Néanmoins, je ne l'ai pas fait. Je n'ai pas cédé, car elle ne me parlait toujours pas. Je la punissais de ne plus vouloir communiquer avec moi. Cela n'avait plus rien à voir avec le nude, non, tout n'était plus qu'une question d'égo entre elle et moi.

Je la punissais de rester silencieuse.

Laura ne m'a pas parlé du samedi, jour de la confiscation, au mercredi soir, jour de son accident. Pas un seul mot. Elle ne venait même plus manger.

Comme je ne pouvais pas la laisser mourir de faim, je lui laissais tout de même un plateau devant la porte de sa chambre, qu'elle prenait, tard dans la soirée, puis qu'elle reposait une fois terminé. Elle me faisait de la peine. Je continuais pourtant à garder espoir.

Elle ne sortait que pour aller aux toilettes et partir au collège. J'avais de plus en plus de mal à supporter cette ambiance glaciale entre nous.

Nous qui auparavant étions si complices. La punition avait détruit nos liens.

La menace, la violence, la douceur, ne servaient à rien. Je ne savais plus du tout quoi faire.

Enfin si, une option se profilait à l'horizon pour qu'enfin tout s'arrange… Aujourd'hui je regrette tellement de ne pas l'avoir choisi.

Si je lui avais rendu son portable, la joie, le dialogue, le bonheur et notre complicité, je le sais, seraient revenus par la même occasion. Mais si je le lui avais rendu, elle n'aurait jamais compris la leçon.

Dans l'impasse, j'ai de nouveau rappelé son père. Une nouvelle fois, j'avais besoin qu'il me rassure. Il m'a promis de passer nous voir le week-end d'après, afin de lui parler.

Il m'a conforté dans ma décision en me disant qu'il fallait qu'elle comprenne. Je me suis sentie mieux. Il pensait exactement comme moi.

Le mercredi, en début de soirée, il y eut comme une éclaircie à la maison. Laura est sortie de sa chambre. Elle est venue vers moi timidement. Je l'ai prise dans mes bras. Ce câlin inattendu m'a fait tellement de bien. Nous avons mangé toutes les deux. Elle s'est excusée. Je me suis également excusée. Elle m'a proposé de me préparer une tisane. Fait surprenant, elle ne m'a pas réclamé son téléphone.

D'ailleurs, nous n'en avons pas du tout parlé.

J'ai trouvé cela un peu étrange sur le coup, cette gentillesse soudaine, néanmoins je ne me suis pas méfiée.

Un peu plus tard dans la soirée je me suis mise à somnoler dans le canapé devant une émission télé. Durant mon état de sommeil, je ressentais une présence, je n'y ai pas vraiment prêté attention. Je me sentais faible. On aurait dit que j'étais coincée dans un rêve. Comme si j'entendais tout, voyais tout, mais que je ne pouvais rien faire. Terrassée, je me suis endormie d'un seul coup.

Ce sont des hurlements qui m'ont réveillé. Suivis aussitôt d'une forte odeur de brûlé provenant de l'étage. Paniquée, j'ai sauté du canapé et grimpé en vitesse dans la chambre de ma fille. J'avais du mal à tenir sur mes jambes. Mon cœur battait à deux mille à l'heure.

Plus j'approchais de la chambre de Laura, plus l'odeur et la chaleur se faisaient fortes. Quand j'ai débarqué devant la porte, j'ai vu ma fille sortir en furie. Ses cheveux étaient en feu. Son visage, rouge sang, m'a immédiatement tiré un cri de détresse. Sa peau se décollait de ses joues. J'ai failli tomber à la renverse mais je me suis retenue au mur. Je ne savais pas quoi faire. Lorsque dans la panique je lui ai stupidement demandé comment elle avait fait cela, elle ne m'entendait déjà plus.

Comment pouvait-elle m'entendre ?

Laura hurlait et se tortillait debout tout en se frappant la tête, sans arriver à éteindre les flammes qui lui ravageaient sa longue chevelure brune.

Guidée par l'instinct de survie, son corps se cognait mécaniquement contre les murs du couloir.

Elle ne poussait que des cris stridents incompréhensibles.

Tout son magnifique visage ne ressemblait plus qu'à un amas de chair sanguinolente. Sa peau tombait par lambeaux entiers.

À la limite de l'évanouissement, j'ai pourtant réussi à dévaler les escaliers quatre à quatre, j'ai saisi mon téléphone sur le canapé afin d'appeler les secours. Quand j'ai composé le numéro du SAMU, Laura ne hurlait plus. Ses hurlements avaient cédé leur place à un silence angoissant.

Un silence de mort.

J'ai laissé mon téléphone en bas et je suis alors remontée, toute tremblante. Ma fille Laura convulsait. Son corps maigre était étendu sur le sol. Ses deux yeux ne ressemblaient plus qu'à deux bubons[35] rougeâtres et purulents. De l'écume blanchâtre lui barbouillait les lèvres. Les quelques cheveux lui restant continuaient de brûler, envahis de petites flammes jaunes étincelantes. Une odeur

---

[35] Inflammation

affreuse s'échappait du couloir. Une odeur que je n'oublierai jamais.

Dévastée, je suis allée chercher une couverture et l'ai posée sur son visage. Je ne pouvais plus la voir comme cela. La couverture a étouffé les flammes. Ses convulsions ont cessé.

J'ai remarqué que le feu commençait à se propager. Il fallait le contenir.

En pleurs, je suis partie voir la provenance de l'incendie. C'est l'erreur que j'ai faite… Je n'aurais pas dû la laisser tout ce temps. J'aurais dû garder les secours en ligne… Je n'aurais pas dû laisser mon portable en bas…

La fumée commençait à investir le couloir tout entier. Il fallait agir rapidement, ou nous allions mourir intoxiquées toutes les deux. Je me suis approchée de sa chambre. J'ai regardé sur son lit. Son smartphone était là, totalement détruit. Les composants avaient fondu.

Un chargeur, encore branché à la prise, brûlait, dévoré par le feu. Il avait dû exploser durant la nuit. Son matelas et son oreiller, noircis par les flammes, témoignaient de la violence de l'incendie.

Je ne comprenais rien à la présence de cet objet. Ce chargeur ne lui appartenait pas. J'avais éteint son portable et caché son chargeur à un autre endroit exprès, pour qu'elle ne puisse pas s'en servir. Une ses amies lui avait très certainement prêté ce chargeur défectueux… Tout était donc parti de là…

À l'aide d'un des tee-shirts de Laura, un de ceux qui trainait par terre, j'ai étouffé le reste du feu qui continuait de consumer le matelas avec vivacité.

Je me suis alors imaginé que ma fille avait échafaudé tout un plan. Grâce à cette tisane, elle avait dû m'endormir, je suppose, en y glissant un cachet tranquillisant.

Je n'ai jamais eu de preuves concrètes sur cette théorie. Peut-être divaguai-je. Tout ce que je sais, c'est qu'elle avait profité de mon état de fatigue pour aller chercher son téléphone dans le tiroir de ma table de nuit. Véritable stratège, Laura avait tout manigancé. Elle avait pris ce risque juste pour récupérer son précieux.

Uniquement pour pouvoir de nouveau communiquer avec les autres…

Et si cette éclaircie entrevue, cette soirée à deux, ce câlin… Et si tout cela n'était en réalité que de la comédie ?

« *Ma fille, pourquoi t'as fait ça ?* » ai-je murmuré en pleurant devant son corps silencieux.

Je me suis excusée auprès d'elle, même si celle-ci ne m'entendait déjà plus. Puis je suis descendue chercher mon téléphone et j'ai rappelé les secours pour la seconde fois.

Revenue aussitôt à ses côtés, j'ai remarqué que Laura respirait mal. Je suis restée à lui tenir la main jusqu'à ce que l'ambulance arrive... Cela a été les minutes les plus longues de toute mon existence... À tout moment je savais que je pouvais la perdre... Je lui répétais que je l'aimais, que j'étais désolée...

Depuis son accident, outre le fait d'avoir eu le visage brûlé presque intégralement au troisième degré, Laura a également perdu l'usage de ses jambes. Ses brûlures ont causé chez elle des séquelles irréversibles. À cause de sévères lésions neurologiques, ma fille ne peut plus se nourrir seule. Tous les gestes banals du quotidien se sont transformés en épreuves.

Nous avons rendez-vous le mois prochain chez un spécialiste pour sa prochaine greffe. C'est un parcours du combattant auquel je fais face seule. Mon ex-mari ne nous a plus rendu visite depuis.

Ce lâche a coupé les ponts...

Je crois qu'il m'en veut. Il pourrait tout de même penser un peu à sa fille...

Je conçois que ce n'est pas facile de voir Laura dans cet état végétatif, cependant, cela n'excuse pas un tel silence radio.

Pour moi, c'est comme s'il l'abandonnait une seconde fois.

Lorsque je regarde ma fille, alitée, j'ai parfois envie de mettre fin à ses souffrances… Poser un oreiller sur son visage, et appuyer dessus jusqu'à ce qu'elle rende son dernier souffle.

Cette idée m'obsède.

Je ne sais pas ce qu'elle ressent au fond d'elle. Je ne sais pas si elle est triste, si elle va bien, si elle souffre… C'est le sentiment le plus horrible pour une mère que de rester dans le doute.

Sa vie est gâchée. La mienne également.

Étrangement, l'amour que j'éprouve pour elle s'est renforcé depuis le drame.

Je l'aime tellement ma fille… Je le lui répète constamment.

Mais elle, m'aime-t-elle encore ?

# 9

# Clément

*Échange secret*

*« Je ne fais pas le bien que je veux, mais je fais le mal que je hais. »*

Saint Paul

À l'heure où je vous parle, cela fait deux mois déjà que j'entretiens une discussion avec une fille par messages.

Chut ! C'est un secret…

Concernant celle-ci, j'ai vraiment lutté pour qu'elle me donne son numéro. Bon, je ne vais pas vous mentir, j'ai dû lui forcer un peu la main… Beaucoup même… Pour être totalement honnête… Je l'ai un tout petit peu manipulée… Au début elle ne voulait pas du tout me l'envoyer.

Je pense qu'elle avait peur.

Il faut dire que l'inconnu effraie.

Du coup, nous parlions seulement via la messagerie Instagram. J'avais bien pris soin de masquer mon adresse IP[36] grâce à un VPN[37]. Impossible que l'on puisse me retracer. Je prends toujours mes précautions lorsque je parle avec des filles… On n'est jamais trop prudent… Surtout aujourd'hui…

---

[36] Numéro d'identification d'un périphérique relié à un réseau
[37] Réseau privé virtuel, qui redirige votre trafic vers un tunnel numérique sécurisé

Au fil des discussions, des échanges, une forme de confiance s'est instaurée entre nous. La fille a finalement cédé, et c'est tout naturellement qu'elle m'a envoyé son numéro de téléphone, pour mon plus grand bonheur.

Elle m'a l'air si sympathique. Elle s'appelle Sofia. Elle est super jolie, en tout cas de ce que j'ai pu voir sur sa photo de profil. Elle a de longs cheveux noirs, de grands yeux marrons en amandes. Elle se maquille, juste ce qu'il faut.

C'est ce côté à la fois simple et sophistiqué qui m'a immédiatement attiré chez elle. Et puis, ce qui me plaît, c'est sa jeunesse, la douceur de ses traits…

J'ai toujours aimé les jeunes filles, je ne le cache pas. Elles ont en elles ce quelque chose d'inexplicable qui me fait craquer inexorablement.

Elles m'excitent, avec leurs naïvetés, leurs petites mains menues, leurs allures d'enfants.

Moi ? Bien évidemment que je lui ai menti sur mon âge. Imaginez un peu… Pourquoi une gamine de treize ans parlerait avec un vieux comme moi… ? Afin de bien la mettre en confiance, je lui ai dit que j'en avais quinze. Je n'ai jamais su pourquoi mais les jeunes filles sont toujours attirées par les garçons plus vieux. C'est une vérité. Probablement que cela les rassure un peu, qu'elles cherchent une forme de maturité, peut-être également de protection… L'idée de retrouver en un type plus âgé une image paternelle idéale… Je ne sais pas trop.

Afin qu'elle ne se méfie pas de moi, il fallait que je sois le plus crédible possible. J'ai donc téléchargé une photo d'adolescent sur le net, un beau petit blondinet aux yeux bleus et je la lui ai envoyée. Elle m'a tout de suite répondu que j'étais mignon. Elle a accompagné son message d'une émoticône clin d'œil. Le temps d'un instant, je suis moi aussi redevenu adolescent. Et j'ai choisi le prénom de Michaël. Je suis fan du chanteur Michaël Jackson.

Derrière mon téléphone, j'ai rougi.

C'est stupide, mais j'ai énormément apprécié son compliment. Mon cœur a bondi de joie.

Si j'ai trafiqué mon âge, c'est tout simplement parce que je ne voulais pas qu'elle prenne peur.

Si elle avait su dès le début qu'elle était en train de parler avec un adulte, qui plus est un vieux comme moi, je pense que nous n'aurions jamais pu construire ce début de relation.

Elle m'aurait même bloqué. Je n'aurais pas supporté. J'ai l'habitude d'avoir ce que je veux… Et Sofia, je la veux. Oh que oui… Et plus que tout. Sauf qu'elle ne sait pas encore que je suis fou d'elle…

Je conçois le côté répréhensible, voire carrément répugnant de mes actes. J'en ai pleinement conscience. Seulement, j'ai beau savoir tout cela, je n'arrive pas à m'arrêter, je vous le jure. Quelque chose de malsain me pousse à continuer.

L'excitation peut-être. La nouveauté… Le jeu… Le pouvoir exercé… Je ne saurais pas trop définir ce qui m'anime.

Vous savez, c'était pareil avec toutes les autres…

À chaque fois, je reproduis le même schéma… Je commence des discussions, toujours via internet, puis je vais plus loin. Je les invite chez moi… Et… J'essaie de passer du bon temps…

Mon attirance pour les jeunes filles me perdra, un jour, j'en suis convaincu.

Mais je trouve que cette fois-ci, cette conversation possède un goût particulier. Sofia est différente. Vraiment. Elle a l'air plus mature, plus sage…

Elle et moi échangeons beaucoup. Surtout en début de soirée, lorsque je rentre du boulot. La journée, je n'ai pas trop le temps à cause de mon travail et cela tombe bien, car Sofia n'est pas très disponible non plus avec ses cours.

Il suffit de quelques heures sans lui parler pour que je passe une mauvaise journée.

Elle a un impact positif sur mon moral, elle me fait du bien. Elle est mon médicament. C'est fou… Franchement je n'aurais jamais cru cela.

Pas à cinquante ans révolus.

Cela fait environ une semaine que j'ai envie de la voir, de la serrer dans mes bras, la toucher, j'en ressens le besoin, cependant, j'appréhende énormément sa réaction. Surtout, les conséquences d'une telle rencontre.

Que va-t-elle dire ? Que va-t-elle faire ? Si je l'invitais chez moi et qu'en me voyant, elle décidait de prévenir la police ?

Je n'ai pas envie de tout faire capoter. J'aurais bien trop honte d'être démasqué. Cela pourrait rapidement faire basculer ma vie. Être vu comme un prédateur, un pédophile, non, pour moi, c'est une chose clairement inconcevable.

J'ai une certaine image à défendre. Une image à conserver au sein de notre société « *bien-pensante* ». Une image lisse, propre, à tenir. D'un autre côté, je serais enfin libre si je laissais tomber le masque.

Libéré de cette folie invisible qui me ronge.

Car en surface, aux yeux des gens, j'ai toujours été bien sous tout rapport. Du moins depuis que j'ai redémarré une nouvelle ici, dans cette petite ville de la banlieue Lyonnaise.

Je me suis racheté une bonne conduite devant le tribunal populaire. Je ne connais personne, et personne ne me connait, ni mon histoire, ni mon passé judiciaire. Je suis un vieux bonhomme banal parmi des milliers d'autres.

Cette uniformité me convient.

Je ne veux pas que tout cela s'écroule. Que le monde découvre la vérité, celle qui se cache dans les tréfonds de mon âme. Elle est bien trop sombre, trop affreuse.

Il faut absolument qu'elle reste enfouie.

C'est cette partie sombre qui me pousse à parler avec ces jeunes filles... C'est elle qui me contrôle parfois... Je l'ai appelée mon Horla[38], comme dans la nouvelle de Maupassant. Je suis un grand féru de littérature... Ce surnom lui correspond à merveille.

Ma part de ténèbres, Sofia ne la connait pas encore... J'espère, pour son bien, qu'elle ne la rencontrera jamais.

Ce que j'apprécie le plus dans cette relation que j'entretiens à distance, ce sont nos discussions. Elles sont libres, spontanées. Parfois, elles sont tellement futiles et idiotes, que je ris tout seul au travail en y repensant. Il m'arrive aussi d'éclater de rire dans ma chambre, lorsque je me remémore ses propos empreints d'une tendre naïveté.

---

[38] Clin d'œil à la nouvelle « Le Horla » de Maupassant

L'aspect positif de ces échanges, c'est que j'ai vraiment l'impression de vivre une jeunesse que je n'ai jamais eue.

Vous savez, étant adolescent, je ne plaisais pas vraiment aux filles. Elles se moquaient de moi, me rejetaient. J'étais le garçon binoclard, maigrelet, celui que personne n'aimait. De mon enfance jusqu'à la fin de mon adolescence, je n'ai jamais entretenu de vraie relation sentimentale avec une fille. Aucune de celles que je connaissais n'a voulu se mettre en couple avec moi. J'ai toujours eu du mal à l'accepter, et à cet âge, je vivais cela comme un échec.

Alors, un soir, je suis parti chasser. Je ne sais pas trop ce qu'il m'a pris. C'est ce soir-là que mon Horla est apparu. Il est sorti de moi subitement, il a pris le contrôle de mon corps, de mes gestes.

Mon Horla ne m'a plus quitté depuis.

Ma première victime s'appelait Solène, je m'en souviens comme si c'était hier. Je l'ai suivi discrètement après le lycée, puis dès que j'ai vu que nous n'étions plus que tous les deux dans la rue, je lui ai sauté dessus, d'un coup. J'étais devenu un animal. Je ne contrôlais plus rien, mes pulsions me guidaient comme si je m'étais transformé en une vulgaire marionnette. L'autre partie de moi tirait puissamment les fils.

Solène a porté plainte. Bien évidemment, elle m'avait reconnu. Comme je venais d'avoir dix-huit ans à l'époque, j'ai pris dix mois de prison ferme pour agression sexuelle et atteinte à la pudeur.

Cette première condamnation m'a bousillé psychologiquement.

Au fond de ma cellule, je ruminais ma rancune contre les femmes.

Surtout Solène.

Quand je suis sorti, je me suis calmé. Enfin, je faisais plutôt attention de ne pas me faire prendre… Je ne voulais plus retourner derrière les barreaux. J'avais trop souffert. J'ai été balloté de squats en squats, j'ai traversé la France, puis j'ai trouvé du boulot dans une petite entreprise de maçonnerie. J'ai posé mes valises en Bretagne quelques temps… Une belle petite ville côtière, vrai havre de paradis.

Je m'y sentais bien mais je conservais en moi une haine viscérale pour Solène, puisque tous mes problèmes judiciaires avaient débuté à cause d'elle.

J'ai agressé une autre jeune fille là-bas, sur la plage, je n'ai pas pu m'en empêcher, elle était si belle… Si douce… Mon Horla avait besoin de se nourrir… Pour cette agression, étant donné la récidive, j'ai pris plus que la première fois. Les faits étaient bien plus graves.

La juge, une femme hautaine juchée sur son perchoir comme une reine sur son trône, m'a mis sept ans ferme. Je me les suis mangés en pleine face. Je n'étais encore qu'un gosse…

À vingt-ans, j'ai donc été incarcéré de nouveau.

Au bout de cinq années pleines, j'étais libre. J'ai baroudé à droite à gauche, enchaîné les petits boulots, puis je me suis installé ici. Cela fait vingt-sept ans maintenant.

J'ai décroché un travail, acheté ma baraque avec mon petit jardin. Une existence ordinaire.

Néanmoins, je cohabite toujours avec mon Horla. J'essaie de le tempérer, car ce salop déteste les jeunes filles.

Il éprouve constamment pour elles une haine viscérale.

Avec Sofia, ce n'est pas pareil. Ce n'est pas pareil car je crois bien que je lui plais. Clément lui plaît. Elle ne me rejette pas, comme toutes les autres. Nous pouvons parler de tout et de rien. Et puis surtout, elle me fait rire. J'aime son innocence. Sa naïveté. Sa fougue.

Je ne pourrais pas dire que je suis amoureux d'elle, toutefois les premiers sentiments d'attachement commencent peu à peu à apparaître, je les sens monter en moi. J'ai envie de la prendre dans mes bras. La chérir. La caresser. Emmêler ses cheveux entre mes doigts. Les filles aiment toutes ce genre de petites attentions… Non ?

Hier, nous avons beaucoup échangé. Je suis resté sur mon téléphone une bonne partie de la nuit. J'étais tellement fatigué ce matin que j'ai appelé mon patron et lui ai expliqué que je ne pourrais pas venir bosser. J'ai trouvé un prétexte bidon bien sûr. Il me reste six ans à tirer avant la retraite, alors… Je ne m'abîme plus la santé.

Vous comprenez, je n'ai plus vingt ans. Les nuits blanches sont devenues bien trop difficiles à assumer, surtout à mon âge. Aujourd'hui je paye le prix de ce manque de sommeil.

Du coup, avant de me laisser hier soir, tard, Sofia m'a promis qu'elle se connecterait dès qu'elle rentrerait du collège à onze heures quarante-cinq.

Je suis tellement pressé qu'elle me parle. Excité comme un gosse que l'on ramène à la fête foraine. Je n'ai pas encore quitté la chaleur de ma couette. Bien au chaud dans mon lit, j'attends impatiemment ses messages.

Ah ça y est ! Mon petit rayon de soleil est en ligne… Mon cœur cavale.

Ah l'amour !

Vous allez vous aussi pouvoir faire sa connaissance comme cela.

Sofia m'écrit.

### *Sofia :*

*Cc t'es là ?*

Dès réception de son message, je sens mon Horla qui hurle au fond de moi. J'essaie de lutter, en vain. Il est bien plus fort, il me crie qu'il veut sortir, qu'il faut impérativement qu'il prenne l'ascendant sur mon esprit. Étant donné que je ne peux le contrôler, je le laisse m'envahir. C'est lui qui tire les ficelles, qui me donne les ordres.

J'espère de tout cœur qu'il ne fera pas de mal à Sofia.

Je ne veux pas que cela finisse comme avec toutes les autres…

### *Mon Horla :*

*Ouais. Ça va toi ?*

### *Sofia :*

*Bof. Je me suis pris une croix ce matin. Suis saoulée.*

### *Mon Horla :*

*Vilaine petite fille qu'est-ce que tu as encore fait ?*

### *Sofia :*

*Rien…lol*

### *Mon Horla :*

*C'est ça. Je parie que tu as été méchante... je vais te mettre une fessée... tu aimes les fessées ?*

**Sofia :**

*Nptk... je suis sage moi. C'est juste que la prof ne m'aime pas... fessée... mdr ! t malade !*

**Mon Horla :**

*J'espère que quand on se verra tu ne seras pas méchante avec moi hein...*

**Sofia :**

*Lol. Pkoi tu veux me voir ?*

**Mon Horla :**

*Je ne sais pas. Comme ça. T'as pas envie toi ?*

**Sofia :**

*Si... mais quand ? lol*

**Mon Horla :**

*On peut se voir aujourd'hui... Si tu veux...*

**Sofia :**

*Je ne sais pas trop... Je dois faire un exposé pour vendredi.*

**Mon Horla :**

*Tu n'as qu'à dire à tes parents que tu vas voir une*
*copine pour ton exposé. Et tu viens chez moi. Je*
*peux t'aider à le travailler lol...*

### Sofia :

*Ouai j'avou mdr. Pas bête... T'habites vers où ?*

Enfin le problème se pose. Il est arrivé plus tôt que
prévu. Je ne peux pas venir la chercher car elle verrait
aussitôt la supercherie. Je ne peux pas non plus lui
donner rendez-vous dans un parc, encore moins dans
la rue...

Ce serait bien trop bizarre et je paraitrais
immédiatement suspect. Et si en me voyant elle se
mettait à hurler ? Trop risqué. Je l'ai déjà fait et cela
a failli me coûter cher... Très cher...

Je vais procéder comme pour toutes les autres... Pour
le moment cette technique simple et efficace ne m'a
encore jamais causé de tort...

D'après ma petite enquête, Sofia vit à environ deux
kilomètres de chez moi. Son collège est limitrophe à
ma commune. Elle pourra venir facilement jusqu'à
chez moi. Je peux lui donner mon adresse
personnelle. Sofia n'aurait plus qu'à m'y rejoindre.

Alors je lui expliquerais tout. Mon âge, pourquoi je
lui ai menti. Et puis si elle prend peur je la laisserais
partir. Si je lui plais, alors nous pourrons être amis,
voire plus... Amants... Pourquoi pas... Vivre une

véritable histoire d'amour, parfaite idylle romantique, cela a toujours été mon rêve…

Je pourrais lui faire un enfant… Oui, j'ai toujours rêvé d'être père…

### Mon Horla :

*J'habite au 46, rue Paul Doumier à Saint-Fons[39].*
*Tu peux prendre le bus 8, l'arrêt de bus est à 5mn à pied de ma maison. Par contre, surtout ne dis rien à tes parents stp…*

### Sofia :

*Ok. Je vois à peu près où c'est. Mais si je viens tes parents ne seront pas là ?*

Je souris. J'ai presque envie de rire. Sofia est tellement naïve… Les jeunes d'aujourd'hui sont de plus en plus crédules… Comme il est facile de les manipuler… Ce n'est même plus de la chasse, ils se jettent tout cuits dans mes bras !

À mon époque, jamais un inconnu aurait pu nous appâter aussi facilement…

### Mon Horla :

*Non, ils travaillent tous les deux. Ils ne rentrent que ce soir. Tu penses venir vers quelle heure ?*

### Sofia :

---

[39] Ville de la banlieue Lyonnaise

*Dans 1h environ, faut que je me change.*

### Mon Horla :

*Hum, je suis pressé de te voir… Je pourrais te faire des câlins comme ça… Des gros câlins…*

### Sofia :

*Moi aussi. Lol…*

### Mon Horla :

*Juste une dernière chose. Tu peux supprimer la conversation au cas où ? Je n'ai pas envie que ton père me tue…*

### Sofia :

*Mon père il sen fout de moi. Il est bourré h24. Tkt. C'est plus mon grand frère qui est relou… il ne me laisse rien faire…*

### Mon Horla :

*Ok bah effaces quand même la conversation stp. On ne sait jamais.*

### Sofia :

*Lol tu veux me tuer et me kidnapper ou quoi ? T chelou…*

### Mon Horla :

*Mdr. Non… tu n'as pas confiance en moi ?*

J'attends sa réponse avec impatience… J'espère que ma demande ne la fera pas fuir. Au pire j'irai la chercher devant chez elle, je l'ai déjà fait. Quand je veux une fille, rien ne m'arrête… Je me planquerais et je lui sauterais dessus… Comment je faisais avant ? J'étais bien obligé de m'adapter… Sauf que je n'ai plus vraiment l'âge pour cela… La vigueur me manque…

### Sofia :

*Si g confiance… tkt lol je le ferais… Je vais effacer ta raison… Bon j'vais me préparer à toute Mika.*

De toute manière, si Sofia me ment et n'efface pas le message de son téléphone, c'est moi qui le supprimerais. Son smartphone disparaitra, sa carte sim, sa batterie, tout s'envolera comme par magie, quand j'irai le balancer dans l'eau du canal.

Bonne chance aux flics pour retracer son parcours à la petite. À moins que cette maligne possède une application de géolocalisation. Là, il faudra alors que je redouble de vigilance. Mais j'ai affronté pire difficulté dans ma vie.

Ces détails ne m'arrêteront pas.

### Mon Horla :

*A toute Sofia. Prépare-toi bien*

Heureux, je me lève, direction la salle de bains. Finalement, le grand jour est arrivé plus tôt que prévu. J'ai aperçu une opportunité, je l'ai saisi directement. J'espère qu'elle viendra.

Mon cœur cavale comme un cheval de course. Je me douche, me parfume, me rase. Mes poils blancs tombent dans la vasque de ma salle de bain. Sur le miroir rectangulaire, je parais toujours aussi vieux. Mes cheveux gris me rappellent mon passé.

Promis, je lui expliquerais tout quand elle sera là. Elle ne peut qu'aimer ma personnalité. Sait-on jamais ? Peut-être que mon Horla la laissera tranquille ?

Je l'espère réellement.

Dans tous les cas, je dois assurer mes arrières. Je descends chercher une masse[40] à la cave. L'autre fille est là, attachée à l'échelle. Elle s'est endormie. Je fixe son corps dénudé un instant puis remonte. Elle s'appelle Marie.

Elle ne m'intéresse plus. Je n'ai plus envie d'elle, je veux Sofia, seulement Sofia.

Marie ne m'aime pas comme Sofia.

De plus, elle est beaucoup moins jolie.

Le temps ne passe pas. Je commence à douter de sa venue.

Et si Sofia, trop méfiante, ne venait jamais ? Comment étais-je moi à douze ans ? Étais-je méfiant

---

[40] Outil à percussion, maniée à deux mains

comme elle ? Mes parents ne me laissaient même pas sortir devant la maison familiale… Jamais je ne serais allé à la rencontre d'un inconnu… Ils pensaient voir le mal partout, tant et si bien que ces imbéciles n'ont même pas remarqué sa présence à leurs côtés.

Car me concernant, le mal n'est pas venu de l'extérieur, non… Ce n'est pas un inconnu qui m'a violé moi, c'est bel et bien quelqu'un de ma propre famille. Mes parents n'étaient pas là quand mon oncle m'a montré son pénis en érection et m'a demandé de le toucher. Ils n'étaient pas là quand l'ami de mon père, Éric, m'a forcé à lui faire une fellation, pour selon ses mots « *m'apprendre la vie* »…

Ils demeuraient encore aux abonnés absents lorsqu'Éric, une fois que celui-ci a éjaculé, m'a susurré à l'oreille : « *Tu ne dois rien dire à personne… Sinon je te tue…* »

À ce moment-là, tout le monde était sourd et aveugle ?

Je ne suis pas né monstre, je le suis devenu.

Je vous jure que je ne compte pas violer cette gamine, juste la chérir, la protéger, lui donner de l'amour. Un amour inconditionnel, tendre, protecteur.

Les minutes sont des heures. Assis sur le rebord de la fenêtre, les yeux rivés vers la rue, déserte, j'attends. Pas le moindre signe de Sofia. Ni message, ni appel. C'est sûr, elle va me faire faux bond. Je suis triste et dépité. Je ne la verrai pas aujourd'hui. Elle vient de gâcher sa première chance. Une de plus et c'est mon Horla qui va s'en occuper. Il la réclame.

Je lui envoie un message.

### *Moi :*

*T'es où ?*

En attendant sa réponse, je quitte ma vigie et descends de nouveau à la cave. À mi-parcours d'escalier on frappe à ma porte.

C'est elle ! Sofia est là !

Je me précipite pour ouvrir. J'ai le cœur qui bondit comme un fou. Un sourire niais découpe mon visage. Je vais enfin voir celle qui occupe mes pensées nuits et jours.

Je me regarde une dernière fois dans le miroir de l'entrée. Elle va probablement avoir un choc en me voyant, c'est sûr. Je vais l'attraper par surprise, l'embarquer direct et l'entraîner à l'intérieur, ce sera plus simple. Évitons les frasques, les cris, les hurlements.

Cela éveillerait les soupçons.

Dès lors que j'ouvre la porte, deux hommes encagoulés me poussent violemment. Je bascule en arrière. Je n'ai pas le temps de saisir ma masse qu'un des hommes me lance un coup de poing magistral en pleine mâchoire, suivi d'un autre beaucoup plus fort directement sur la tempe.

Le coup émet un bruit sourd, résonnant dans mon crâne.

J'ai la tête qui tourne, je ressens un intense vertige. La seconde d'après, tout est noir et silencieux.

Quand je me réveille, je suis attaché à une chaise, j'ai du mal à respirer. Les deux types m'ont bâillonné. Ils ont fermé les volets. Tout est sombre chez moi. Je me trouve au milieu du salon. Je ne comprends pas ce qui m'arrive. Qui sont ces deux gars ? Où est donc Sofia ? Je pense à son joli visage. M'aurait-elle piégé ?

— Alors comme ça tu fais venir des petites chez toi fils de pute ! hurle le plus grand des deux types.

Un de ses postillons atterrit en plein dans mon œil. Cela me gêne car je ne peux pas m'essuyer. Je ne comprends rien à ce qui se passe. Qui sont donc ces personnes cagoulées ? Que me veulent-elles ?

— Sale pédophile ! Tu voulais faire quoi à ma sœur hein espèce de grosse merde !

Il fallait bien que cela m'arrive un jour. Je ne me suis pas assez méfié. La vieillesse m'a fait perdre certaines aptitudes et réflexes…

J'essaie de parler, de lui expliquer que je ne veux pas de mal à sa sœur… Que de réels sentiments se sont immiscés en moi…

Je ne peux pas m'exprimer, le bâillon entrave mes lèvres.

De toute manière, ils ne me croiraient jamais. Ils ne sont pas là pour m'écouter. Ils veulent certainement me torturer, voire me tuer. Des coups sourds provenant de la cave se mettent à résonner sur le mur. C'est Marie. Elle saisit sa chance la petite futée. J'ai toujours su que cette gamine était intelligente.

L'un des deux types quitte la pièce. Le frère de Sofia reste là, devant moi. Il me fixe. À travers les trous de sa cagoule en laine noire, je peux déceler dans ses yeux toute la haine qu'il ressent pour moi.

Quelques secondes plus tard, l'autre gars revient de la cave, essoufflé. Vu comment il remue ses membres frénétiquement, j'en déduis qu'il est stressé.

— C'est un malade ce type… Putain… Il y a une petite attachée dans la cave ! Viens on prévient les keufs c'est mieux !

Je préfère encore qu'ils me butent. Je n'aurais pas le courage de retourner en prison. Je le sais. J'aimerais leur faire comprendre mais je n'y arrive pas.

Même si j'avais la parole, ces deux-là ne m'écouteraient pas. Ils sont bien trop préoccupés par la situation, qui, malgré tout, vient de prendre un toute autre tournure. Ils ne s'attendaient pas à trouver cette pauvre gosse attachée.

Il faut croire que je suis un homme surprenant. Je l'ai toujours été.

Pour eux, la présence de Marie dans ma cave est un rebondissement inattendu.

— C'est mort je veux qu'il paye moi ! Imagine si je n'aurais pas vérifié le téléphone de ma sœur... Elle serait dans sa cave elle aussi...

Le gars me décoche une gifle puissante. J'ai senti la dureté de sa main s'affaisser sur ma pommette gauche. Il a tapé fort le petit salopard.

Mais c'est le jeu. Et je suis en train de perdre.

Je ne sais pas ce qu'ils vont me faire. Je pense à mon oncle... Quand mon oncle m'a violé, je n'ai jamais cherché à me venger moi... Je lui ai même pardonné. Je pense qu'on peut tout pardonner... Même mon père a fait comme si tout cela n'avait jamais existé. Pour Éric pareil. On préférait se taire plutôt que des créer des conflits au sein des familles. On sacrifiait ses gosses pour la bonne réputation. Et puis si j'avais parlé à l'époque, il m'aurait sûrement tué... Je n'étais qu'un gosse...

Pourquoi le frère de Sofia n'essaie-t-il pas lui aussi de me pardonner ? Pourquoi ne me détache-t-il pas et ne fait-il pas comme si tout cela n'avait jamais existé ? Je suis un être humain après tout. Moi aussi j'ai le droit au pardon…

J'ai encore le temps de refaire ma vie, partir loin d'ici… Je n'ai qu'à vendre ma baraque, et je disparais.

Je le vois sortir un énorme opinel de la poche de son blouson. Il déplie la lame, s'approche de moi en la collant contre ma gorge. L'acier glacé me donne un frisson incontrôlable.

Aura-t-il les couilles de me buter ? Je ne pense pas…

— On ne devrait pas le tuer… Ça va se retourner contre nous mon pote… Toi-même tu sais. Les keufs nous croiront jamais…

Dorénavant, je vois de la peur dans ses yeux. Elle a remplacé la haine. Le frère de Sofia a peur d'aller jusqu'au bout. Il sait que je le mérite, pourtant il n'y arrivera pas. Ce n'est pas un tueur lui, je le sens.

Tout le monde n'est pas rongé pas le mal. Tout le monde ne possède pas un Horla servant d'exutoire pour assouvir ses pulsions…

—Allez. Laisse tomber… lui souffle l'autre type. On appelle les keufs…

Le frère de Sofia respire fort. Tout doucement, il retire la lame posée sur mon cou. Bizarrement, je suis soulagé. D'un autre côté, s'il n'avait pas eu les pétoches d'aller jusqu'au bout, je serais libéré…

Bien que je sache que mes actes sont mauvais, pour autant je ne suis pas quelqu'un de mauvais au fond de moi. Je n'arrive juste pas à faire taire mes démons. Dois-je mourir pour autant ? C'est mon Horla qu'il faudrait tuer… Pas moi…

Finalement, après avoir reculé, le frère de Sofia enlève sa cagoule. Il est en sueur. Il possède un visage de gamin. Sofia lui ressemble énormément. Il est beau. Il possède quelque chose d'angélique dans le regard. Ses yeux, noir intense, sont mis en valeur par de longs cils épais.

Ce n'est pas un tueur, non. En le voyant, j'en suis désormais convaincu.

Il range son opinel à l'intérieur de son blouson et prend son téléphone. Je l'entends parler calmement. Il est en train d'appeler la police.

L'autre aussi enlève sa cagoule. Il s'est calmé. Tous ses tics nerveux ont disparu. Les deux doivent avoir la vingtaine maximum. Comparé à moi, ce ne sont que des mômes…

Je suis toujours attaché lorsque les premiers policiers arrivent, sirènes hurlantes. Ils mettent aussitôt en joue mes deux agresseurs, avant de se rendre compte que dans cette folle histoire, c'est moi le dangereux protagoniste.

S'en suivent de longues explications. Je n'ai pas le droit à la parole. Le frère de Sofia et l'autre type se font engueulés par un vieux flic bourru, puis félicités pour leur bravoure. La scène, ubuesque, paraît irréelle.

Par précaution, on les fait tous deux sortir de chez moi. J'assiste à tout cela, menotté, assis sur mon rebord de fenêtre. Les poulets ont tout de même eu la sympathie de m'enlever le bâillon.

Un des policiers présents, le plus gros, descend à la cave, il y trouve la gamine attachée. Lorsqu'il remonte au salon, j'ai envie de rire. Son air horrifié m'amuse. Ce qu'il ne sait pas encore, c'est que Marie n'est que la dernière fille d'une longue liste … La seule que je n'ai eu le temps de tuer…

Je me fatigue vite… Je me ramollis…

Ce n'est pas beau de vieillir !

Les autres victimes, ils les découvriront après, j'en suis persuadé. Pour le moment, je me tais. Je reste spectateur de ma propre arrestation.

Les policiers m'emmènent jusqu'à leur voiture. Le frère de Sofia et son pote se trouvent à côté du portail. Ils me regardent leur échapper. Ils doivent se dire qu'ils ont pris la bonne décision. Intérieurement, je suis fier d'eux. Ces jeunes sont des mecs bien.

Ils n'ont pas cédé à la colère.

Nous marchons dans un silence de plomb. Les menottes me font mal, elles sont beaucoup trop serrées.

Tous mes voisins sont là. De nombreux badauds assistent également à mon arrestation. Je vois des personnes avec des mallettes entourées d'inox argenté se diriger vers ma maison, probablement des membres de la police scientifique, ceux là-même que l'on voit dans les séries américaines.

Très rapidement, il y a une multitude de policiers présents sur les lieux, un chien les accompagne. Ils vont perquisitionner ma baraque, je le sais. Ils vont trouver des milliers de preuves sur mon ordinateur, des photos, des vidéos, et peut-être même des ossements enfouis dans mon jardin, s'ils cherchent bien… Car je les ai toutes enterrés là-bas… Toutes les six, ensemble, empilées les unes sur les autres… Un gain de place…

Ça y est, c'est la fin pour moi. J'ai perdu !

Une question cependant me taraude : est-ce que mon Horla supportera de nouveau l'enfermement ? Pas sûr…

Au moins, derrière les barreaux, ce salop ne fera plus jamais de mal à quiconque…

Tout cela, c'est un peu grâce à toi Sofia.

Merci du fond du cœur. Clément te remercie infiniment.

Un coup de feu retentit, brisant mes pensées. Je n'ai pas le temps de voir d'où il vient… Je tombe, d'un seul coup, sur le bitume gris de ma rue… Je n'ai pas mal. Je ne ressens aucune douleur.

Au sol, je revois mon oncle en image, mes parents, cet enfoiré d'Éric, toutes ces filles qui se moquaient de moi. Je revois Sofia, son frère et ses beaux yeux noirs, les visages de mes anciennes victimes. Tout défile si limpidement. Suis-je en train de mourir ? Je crois bien que oui.

À quelques mètres devant moi, les policiers ceinturent un homme. C'est un grand bonhomme à la carrure imposante. Son arme, un fusil à canon scié, traîne par terre. Dans un dernier éclair de lucidité, je comprends qu'il m'a tiré dessus.

Ma vision se brouille. Tout se couvre de flou.

Tandis que mon cœur de plus en plus oppressé tente encore de résister, j'entends une voix masculine et puissante me souffler, d'un ton froid empli de haine :

« *Justice est faite !* »

# 10

# Binta

*Un million*

*« La seule importante est d'exister, il est inutile de toujours chercher à prouver que l'on existe, puisque c'est une évidence. »*

Michael Moorcock

Je me présente, je m'appelle Binta Sow. J'ai vingt-six ans, et j'ai un gros défaut… Enfin j'avais un gros défaut, que fort heureusement j'ai corrigé depuis. Il en aura fallu du temps pour cela… Et un malheureux événement…

J'étais acheteuse compulsive… En effet, j'ai toujours aimé faire du shopping sur internet, y acheter des produits, et ce depuis que j'en ai eu la capacité financière. Je me souviens de mon tout premier achat. J'étais comme une folle. J'avais commandé deux crèmes bio, assez chères d'ailleurs… J'en ai offert une à ma mère, j'ai gardé l'autre.

Beaucoup de gens n'ont pas confiance aux commandes sur internet, ils pensent qu'on va leur voler leurs numéros de carte bleue, ou que de méchants hackers vont piller leurs comptes bancaires.

Moi, je n'ai jamais cru à tout cela. En réalité, ce genre d'escroquerie n'arrive que très rarement en comparaison aux millions de commandes effectuées chaque jour. Je savais que la pratique existait, cependant, cela ne m'a jamais empêché d'assouvir mon besoin compulsif ni freinée dans mes envies.

Dans mon cas, les achats en ligne sont devenus une véritable obsession. À l'époque, je pouvais dépenser la moitié de mon salaire juste sur des marketplaces. À force d'acheter toujours plus, j'ai emmagasiné tellement de bibelots, de produits cosmétiques et d'objets dans mon minuscule studio, que je ne savais plus trop quoi en faire.

C'est surtout lorsque j'ai vu les cartons déchirés s'entasser dans un coin de mon unique pièce de vie que j'ai pris conscience du problème.

Alors, parce que je l'estimais nécessaire, j'ai décidé de parler de mon trouble avec d'autres personnes. J'ai d'abord beaucoup échangé sur des forums en ligne.

Au fil de ces échanges, j'ai remarqué que nous étions nombreux à souffrir de ce syndrome né du modernisme. Une chose en amène forcément une autre, je me suis créé un compte Instagram sur lequel je désirais entretenir des interactions, sous forme de foire aux questions[41]. Je discutais alors avec des personnes que je ne connaissais pas. De Binta Sow, la petite animatrice en accueil de loisirs, je suis passée à *Binta Life,* la malade mentale des commandes. C'était mon nouveau blaze. J'étais assez fière de celui-ci. Il sonnait à l'Américaine…

Je faisais beaucoup de lives, essentiellement le soir, lorsque je rentrais du boulot. J'étais fatiguée, pourtant

---

[41] Liste faisant la synthèse des questions récurrentes sur un site internet

la passion et l'échange me poussaient à continuer. Derrière mon écran, je ne voyais pas le temps passer.

Progressivement, c'est devenu hyper chronophage. Je ne pensais plus qu'à cela. On peut dire qu'Instagram, outre le fait de me bouffer tout mon temps libre, a également joué un rôle de thérapeute. Je percevais cela d'un œil positif.

Ce qui n'était pour moi au début qu'un simple amusement, est devenu peu à peu un métier.

Les gens étaient de plus en plus nombreux à m'envoyer des D.M[42], pour me remercier, pour me soutenir. Il y avait des femmes, des hommes, des jeunes, des moins jeunes. Souvent ils se disaient être comme moi, qu'ils me comprenaient, qu'eux aussi n'arrivaient pas à se réguler.

Ce consumérisme poussé à l'extrême... Cette envie incontrôlable de consommer, toujours plus... Je n'étais plus seule...

Grâce à ce réseau, je me sentais entourée, soutenue.

Lors d'une soirée au restaurant, une de mes amies m'a parlé de la monétisation. Je ne savais pas du tout en quoi cela consistait. Elle m'a expliqué en détails et m'a appris ce soir-là que l'on pouvait gagner de l'argent rien qu'en faisant des vidéos sur YouTube.

---

[42] Direct Message (anglais) message envoyé en privé

Sans se casser le dos au travail. Sans rentrer fourbue. Une aubaine.

J'ai suivi ses conseils avec attention et le lendemain de notre discussion j'ai créé ma chaîne YouTube. J'ai logiquement incité mes quelques trois milles abonnés d'Instagram à me rejoindre sur cette plateforme.

J'ai posté une première vidéo qui a très vite pété le score : quatre-cent-mille vues en une semaine. Deux-mille-trois-cent-quarante de mes abonnés sur Insta m'ont suivi dans cette nouvelle aventure.

J'étais impressionnée par mon pouvoir de persuasion. Impressionnée par leur fidélité. Je ne m'en étais jamais cru capable. Pour dire la vérité, au début, je m'en suis tout de même un peu voulu d'attirer autant de monde. Je me sentais comme un gourou de secte, profitant de la naïveté des gens. L'argent m'a vite fait oublier ces pensées négatives.

Plus que jamais motivée, j'ai immédiatement tourné une deuxième vidéo, puis une troisième, toujours avec les moyens du bord.

Un téléphone, un anneau lumineux et un trépied, le tout posé en équilibre sur ma coiffeuse, suffisaient amplement.

Dans mes vidéos, je faisais du « *unboxing* ». Commander des produits sur le net, les recevoir, et les déballer avec mes abonnés, en live. Je donnais mon avis dessus. Je riais, j'étais bien. J'achetais tout et n'importe quoi. De la brosse à dent en forme de super héros à la gourde lumineuse. Des perruques aux tabliers imprimés de slogans comiques.

Peu à peu, les abonnés montaient, et sur YouTube j'ai dépassé les six-mille en deux semaines.

Puis les sept-mille sont arrivés, suivis des huit-mille, jusqu'à atteindre les cinquante-mille. Un chiffre vertigineux… Ma chaine plaisait. Mes contenus cartonnaient. Binta Life brillait de mille feux. Mon quotidien, si banal jusqu'ici, parlait à beaucoup de monde.

Chaque jour je recevais des milliers de messages, auxquels bien entendu je ne pouvais plus répondre. J'étais dépassée par mon propre succès. J'avais l'impression d'être devenue une star, une célébrité. Cela me flattait. En vue de cette soudaine réussite, les marques se sont alors mises à me contacter et me payer pour que je parle de leurs produits.

C'est comme cela que j'ai pu gagner ma vie.

En seulement six mois, grâce à la monétisation et aux différents partenariats développés, j'ai amassé plus d'argent que durant mes dix années d'animatrice en centre de loisirs. C'est logiquement que je suis donc partie sans me retourner de la municipalité dans laquelle j'étais employée.

Personne n'a compris ma décision. Moi, je savais où j'allais. Plus je gagnais d'argent grâce à internet, plus j'achetais des produits. Plus j'achetais des produits, plus j'avais de la matière pour mes vidéos. C'était un plan bien ficelé. Tous les rouages s'imbriquaient les uns dans les autres avec tant de facilité…

Bientôt mon petit appart de banlieue ne fut plus assez grand. J'avais besoin d'espace pour mon activité. Il me fallait une pièce de tournage. Et chose primordial, une de stockage. J'essayais d'offrir certains accessoires à mes proches, mes amies ou ma mère. J'en jetais aussi pas mal ou postais des annonces sur des plateformes de vente en ligne.

Pour des raisons pratiques, j'ai donc cherché un autre appartement, que j'ai trouvé super vite avec l'aide d'une de mes connaissances. Tout s'enchaînait si rapidement, comme portée par une vague de positivité.

La même année, j'ai rencontré un gars, on a discuté au début sur WhatsApp, et puis on s'est vus plusieurs fois. Il s'appelait Dayé. Ensemble on faisait la tournée des grands ducs.

Restos, cinémas. J'aimais l'inviter. J'en avais les moyens et surtout, il me plaisait. Il avait tout pour lui. J'essayais de jouer mes meilleures cartes.

À ce moment-là, je voulais l'impressionner avec mon argent. Je voyais que cela le gênait parfois que j'insiste pour payer l'addition, ou que je lui offre des cadeaux. Quand on aime, on ne compte pas. Ni son argent, ni son temps. Il est devenu ma priorité. Avant même mes réseaux. Un vrai amour fusionnel.

Seulement un an après la création de *Binta Life*, j'étais en couple avec Dayé, et nous attendions un heureux événement. Nous avons emménagé ensemble. J'étais totalement épanouie. J'étais fière de ce que j'étais en train d'accomplir.

En parallèle, je continuais mes publications, ma communauté s'élargissait, mon nom sur internet prenait une autre dimension.

Je me suis professionnalisée. J'ai recruté ma meilleure amie, Hawa, qui a endossé le rôle d'agent, et un monteur vidéo, jeune et talentueux, Adam, le fils d'une amie à ma mère. Puis j'ai eu quelques complications durant ma grossesse. Je n'arrivais plus à me lever. Je devais rester alitée, au risque de perdre mon enfant.

Heureusement qu'avec mon équipe nous nous étions avancés sur les vidéos. Pendant ma grossesse je n'ai quasiment rien fait, j'ai dû réduire la cadence, pas le choix. Je n'avais que dix vidéos d'avance, que nous postions à intervalles réguliers. C'était relativement peu comparé à mon précédent rythme.

J'arrivais à poster également des story, de temps à autre, néanmoins, ce n'était plus pareil qu'auparavant.

Pendant ce temps, ma communauté continuait de s'élargir. J'étais en train d'accoucher quand la barre des cinq-cent-mille abonnés a été dépassée. Je ne réalisais pas réellement. Je me suis concentrée sur mon fils, Alhassane.

Tous les mois, je recevais toujours un salaire de la monétisation YouTube alors que je ne foutais rien. Enfin professionnellement parlant.

À côté de cela, l'accouchement et les nuits passées à allaiter me mettaient complètement H.S[43]. La barre du million d'abonnés m'a à peine fait sourire. Normal, j'avais d'autres priorités. J'étais tellement éclatée par la fatigue…

Jusque-là, avec Dayé, tout se passait relativement bien. Nous nous embrouillions parfois, comme tous les couples, rien de grave.

Je ne parlais jamais de ma vie privée et encore moins de ma famille dans mes vidéos. C'était une règle que je m'étais promise de respecter. Dayé a beaucoup insisté là-dessus. C'était important de ne pas exposer ce côté personnel de notre vie.

Quand Alhassane a eu deux ans, j'ai pu un peu le confier à ma mère. Je pouvais enfin respirer et reprendre mon activité. Cela me laissait plus de temps

---

[43] Hors-Service (employé ici pour définir la fatigue)

pour moi, j'avais mes journées pleines et j'allais le récupérer le soir.

Outre le fait de pouvoir souffler un peu, la présence d'Alhassane faisait plaisir à ma maman. Mamie Djenaba avait enfin un petit fils à elle.

Elle en était tellement fière.

Dayé, qui ne travaillait plus depuis la naissance de notre enfant, a voulu reprendre une activité professionnelle. Je pense que le fait que je l'entretienne a pas mal pressionné son égo.

Motivé, il s'est mis à chercher du boulot. Il a trouvé un bon poste au sein d'une grande enseigne de luxe et grâce à nos deux salaires plus que confortables, nous avions un train de vie de stars. Je kiffais à fond. Moi qui auparavant n'étais pas forcément pratiquante, tous les jours je remerciais le Tout-Puissant de ce qu'Il m'apportait.

Je me levais le matin pour emmener Alhassane chez sa mamie, puis je rentrais dormir. Je profitais de mon temps libre.

Hawa et Adam charbonnaient pour moi, ils s'occupaient de tout... Ils géraient même mon emploi du temps... Sans eux, j'aurais été perdue.

Peu à peu, je ne saurai dire pourquoi, la situation a commencé à se dégrader. Aussi bien à titre personnel que professionnel. Le rêve s'est transformé en cauchemar.

Avec Dayé, nous nous prenions souvent la tête. Le peu de temps où l'on se voyait, nous ne communiquions quasiment plus.

Quand il rentrait à la maison, Alhassane passait ses nuits à pleurer. J'étais fatiguée de me lever et de m'occuper de lui. Fatiguée de le rassurer en permanence, de le consoler. Même si c'était mon rôle de mère.

Avec Dayé, nous l'avons ramené chez un pédiatre.

Verdict : mon petit garçon faisait des terreurs nocturnes. C'était certes impressionnant, mais « *rien d'inquiétant* ».

Tels furent les mots exacts du médecin. Cela m'a rassurée.

Malheureusement, ses terreurs nocturnes ont empiré lorsque j'ai signé mon contrat de partenariat avec une grande marque de cosmétique, spécialisée dans les perruques afro.

En contrepartie de cette signature et d'un joli virement bancaire, je devais créer des posts[44] sur mes différents réseaux sociaux, en portant les perruques et en les mentionnant à chaque fois. C'était le deal. Simple et honnête.

---

[44] Message publié sur les réseaux sociaux (statut, lien, vidéo ou image)

Pour une story[45]de trente-cinq secondes sur Instagram, je gagnais entre huit-cents et mille-cinq-cents euros nets. Imaginez-vous un peu.

Mon compte bancaire faisait la fête.

Seulement, si j'avais le malheur de garder ces perruques sur la tête devant Alhassane, il ne me reconnaissait plus. À chaque fois, cela le terrorisait, il pleurait et courait se réfugier dans les bras de son père.

Certes à ce moment-là je gagnais énormément d'argent, toutefois, une part de moi se sentait coupable. J'en suis venue à me poser des questions. Et si au fond les terreurs nocturnes de mon fils étaient entièrement de ma faute ?

J'ai remis en doutes mes capacités à être maman. Je me suis grave remis en question sur ma maternité. Ces questionnements intérieurs m'ont énormément bousculée.

Pour me déculpabiliser, nous avons déménagé. Je pensais que si nous changions de logement alors notre situation pouvait s'arranger.

Le fait de découvrir un nouvel espace de vie ne pouvait que nous faire du bien à tous les trois. Notre

---

[45] Vidéo de format très court ou image publiée par un internaute sur un réseau social et visible pendant une période limitée

couple battait de l'aile. Dayé rentrait de plus en plus tard et ne me parlait plus du tout.

Avec l'argent des perruques et les posts Instagram, j'ai remboursé toutes les factures et dettes que ma mère avait pu accumuler durant sa vie. Je voulais acheter sa sérénité. Mamie Djenaba allait enfin être tranquille. Un de mes objectifs était atteint.

Pour moi, ce n'était pas suffisant, je voyais les choses plus en grand.

Mon rêve ? Nous acheter une villa au Sénégal, une jolie, face à la mer, et travailler directement de là-bas.

Je voulais emmener ma maman avec moi. Elle avait assez subi ici.

Selon mes calculs il me fallait encore huit mois environ, et ce rêve fou deviendrait possible. Je savais que cela rendrait fière ma mère. Elle pourrait ainsi enfin se reposer.

Je l'aurais installée dans une petite maison, juste à côté de la nôtre, avec un jardin, des palmiers, un parasol et le calme… Tout près de Saint-Louis et de Boké Dialloubé[46], son village d'origine. Loin du tumulte et du ciel gris de la banlieue Parisienne. Qu'elle puisse finir ses jours dans le calme et l'apaisement.

---

[46] Village Sénégalais

Je voulais proposer cette solution à Dayé. Je craignais, vu son poste, qu'il ne désire pas me suivre. Alors je me suis tue. Je comptais lui en parler plus tard, au moment approprié.

Les mois ont défilé rapidement, rien ne s'est passé comme prévu. Mes abonnés ont commencé à se lasser de mes vidéos. J'avais l'impression qu'ils en avaient ras-le-bol. Qu'ils cherchaient autre chose. Qu'ils ne m'aimaient plus. Étrangement, des sentiments étaient nés entre eux et moi. Un agréable mélange de confiance soupoudré d'amitié et de bienveillance.

Je savais la cause de ce manque d'engouement : mes publications tournaient en rond. Mon train de vie devenait routinier. Banal. Je ne trouvais plus vraiment de choses à raconter dans mes lives. C'était plat, redondant.

J'avais épuisé toutes mes idées. Les contrats ne venaient plus à moi. Deux marques ont même stoppé leur partenariat.

En peu de temps, j'étais passée d'influenceuse adulée à « *has-been*[47] ». Puis Hawa est tombée enceinte. Elle m'a gentiment fait comprendre qu'elle ne pouvait plus assurer son rôle d'agent, du moins pendant sa grossesse. Je ne lui en ai pas voulu. Comment aurais-je pu lui en vouloir ?

---

[47] Personne démodée, ringarde

J'ai essayé de recruter quelqu'un, cependant le poste n'intéressait personne. Qui a envie d'être l'agent d'une has-been ? Internet ne pardonne pas. Le buzz vient et repart. Vous pouvez être adulée le lundi et détestée le mardi… Je m'en rendais compte.

Il fallait absolument que je trouve un moyen fiable et rapide de me renouveler.

Du côté de mes abonnés, c'était la chute libre. Ceux-ci quittaient tous ma chaîne les uns après les autres. Je ne pouvais m'en prendre qu'à moi-même, car je ne leur proposais plus rien d'original.

Bien qu'Adam réalisait toujours mes montages, il n'avait plus la même pêche qu'au début. En privé, il avait eu de nombreuses propositions de contrats, plus intéressantes, et je le sentais fébrile. Bientôt, lui aussi allait me quitter.

C'est là que j'ai fait la plus grosse erreur de ma vie. Pour remonter les vues, j'ai décidé de parler de mon fils. Au début, je racontais ce qu'Alhassane faisait à l'école. Fière, je partageais sur la toile ses dessins, ses peintures. J'ai vu que cela plaisait pas mal. Les mamans s'y intéressaient.

Alors je ne l'ai plus déposé chez ma mère. Ma décision a beaucoup fait râler Mamie Djenaba. Nous nous sommes pris la tête.

De mon côté, j'ai commencé à filmer Alhassane dans son quotidien. À le mettre en scène. Prendre la moindre de ses répliques d'enfant. Il commençait à parler, il était si drôle… Il faisait rire tout le monde sur le net. Du coup, mon concept de vidéos se métamorphosait. Il était nouveau, réel, et surtout, spontané.

Sans m'en rendre compte, je l'ai livré en pâture à la toile. Tous les jours je le gardais avec moi, et tous les jours, je le filmais. Certaines journées, je refaisais les prises de vues des dizaines de fois, et Alhassane s'impatientait. Il pleurait, hurlait, se débattait. Normal pour un enfant de son âge…

Moi, je me mettais à lui crier dessus. Je voulais qu'il soit le plus présentable possible, que les personnes le voient sous son meilleur angle. Qu'il soit beau devant la caméra. Je ne tolérais pas ces crises. À cause d'elles, je perdais beaucoup de temps.

Quand Dayé est tombé sur mes vidéos YouTube, il a littéralement pété les plombs. Il m'a même insulté pour la première fois depuis que nous nous connaissions.

Il m'a traité de « *cinglée* » et « *d'inconsciente* ».

Je l'avais totalement mérité, je n'avais pas tenu ma promesse.

Notre pacte était rompu. Notre couple également. Pour lui, ce que j'avais fait relevait carrément de la trahison.

Il a voulu emmener Alhassane avec lui ce soir-là, je m'y suis opposée physiquement. Je l'ai menacée de porter plainte pour enlèvement. Je me suis comportée comme une garce, je dois le reconnaitre. Il a levé la main vers moi, mais finalement ne m'a pas touchée. Son poing a fini tout droit dans le mur du salon.

En me frappant, Dayé savait qu'il avait bien trop à perdre. S'il m'avait touché ce soir-là, je l'aurais fait condamner sans aucun remords.

De toute façon, il ne m'aimait plus comme avant, même si moi je l'aimais toujours… Je ne pouvais pas perdre la garde de mon fils…

Je comprenais sa réaction, car je l'avais trahi, mais je faisais tout cela pour nous. Pour notre villa au Sénégal. Bien évidemment, il ne l'a jamais su. Je ne lui ai jamais dit. Je n'ai pas eu le temps de lui parler de mon projet.

Alors ce soir-là, il a pris quelques affaires et s'est barré chez son frère. Il m'a dit qu'il voulait faire une pause. Je suis restée seule à chialer comme une gosse.

Dès qu'il a claqué la porte de la maison je suis partie voir Alhassane. Mon petit ange dormait à poings fermés. Il était si beau dans son joli petit pyjama blanc. J'ai remis la couette sur lui puis je lui ai déposé un bisou sur le front. Dieu merci il n'avait rien entendu de notre dispute.

J'étais soulagée.

Une fois revenue au salon, je me suis posée sur le canapé, j'ai pris mon plaid et mon téléphone. J'ai eu une idée. Je n'étais pas sûre que cela allait marcher toutefois, il fallait absolument que je tente le coup.

J'ai été dans ma chambre récupérer mon trépied et mon anneau lumineux. J'ai tout installé sur ma table basse, face au canapé.

Je voulais trouver du réconfort.

Je me suis connectée sur Instagram, j'ai déclenché un live et me suis filmée en train de pleurer. Les larmes perlaient sur mes joues, accentuées par la lumière de l'anneau. En pleurs, je trouvais mon visage magnifique, comme sublimé.

Et là, miracle, les vues sont montées, montées comme jamais elles n'étaient encore montées depuis. Les messages de soutien affluaient, nombreux, si nombreux que j'ai retrouvé le sourire.

Au vu de ce nouveau succès, je me suis remis en tête la villa au Sénégal.

*« Pourquoi tu pleures Binta ? » « C'est ton mec c'est ça ? » « Le salop… » « Tchip ! les gars tous pareils… » « Il t'a frappé ? tu veux qu'on aille le menacer ? » « Quel fils de p*** ! »*

*#soutienpourBintalife #F***LESBATARDS*

En deux heures de live j'ai eu des milliers de commentaires, des milliers de messages. *Binta Life* revivait enfin. Je retrouvais ma communauté perdue. Mieux encore, une autre me tendait les bras. J'étais tellement bien, tellement heureuse de me sentir soutenue.

Pour fêter ça, j'ai bu un verre de rosé, puis deux, puis trois. Je suis restée ainsi les fesses scotchées au canapé, les yeux rivés sur l'écran de mon téléphone pendant plus de cinq heures, chaque nouvelle sonnerie de notification me rendait folle de joie.

Chaque nouveau message me donnait du baume au cœur, chaque nouveau commentaire de soutien ravivait mon espoir.

Binta Sow 1 – Dayé Diallo 0.

J'essayais de me convaincre que j'étais la gentille de l'histoire, la victime de ce pervers narcissique. Même si je savais que tout était faux. La perverse, c'était moi.

Cette nuit-là, je lui ai écrit un message, sur fond d'alcool, accompagné d'une émoticône cœur. Je lui déclarais de nouveau ma flamme, le suppliant de revenir.

J'étais sûre qu'avec ce petit message, tout allait s'arranger entre nous. Il ne m'a pas répondu.

Le rosé aidant, j'ai commencé à somnoler. J'étais complètement groggy. La lumière de l'anneau me faisait mal aux yeux. Avant d'aller me coucher, je suis partie voir Alhassane dans sa chambre. Aucune trace de mon fils. Son lit était vide. J'ai commencé à paniquer. Je voyais trouble. Le sol bougeait sous mes pas. Mes jambes vacillaient, molles. J'avais l'impression qu'elles étaient faites en coton.

J'ai commencé à hurler son prénom comme une folle. Aucune réponse. Alhassane avait disparu.

Quand je suis arrivée dans ma chambre, il était étendu sur la moquette, inanimé. Sur sa tête, il avait enfilé une de mes perruques. À côté, traînait une petite bouteille de dissolvant, ouverte et renversée.

J'ai remarqué avec stupeur qu'Alhassane en avait partout sur ses lèvres. Le liquide les faisait briller. Sa bouche écumeuse était gonflée. Ses yeux révulsés fixaient le plafond de la chambre. J'ai de nouveau hurlé lorsque j'ai compris.

Alhassane était mort empoisonné.

Tandis que je passais mon temps à me faire réconforter sur mon live, il était entré dans ma chambre, avait grimpé habilement sur ma coiffeuse à l'aide d'une chaise, et je ne sais pour quelle raison, avait bu l'intégralité de ma bouteille de dissolvant à ongles. Une vieille marque, vestige d'un ancien partenariat.

Je ne sais pas si mon fils a crié ni combien de temps cela a pris.

Je ne sais pas s'il a souffert.

Le pire, c'est que je n'ai même pas entendu mon enfant mourir.

Moi, enfermée dans ma bulle, hypnotisée par mon live, trop occupée par les nombreux messages de soutien de mes followers.

Des messages de réconfort virtuel…

Quelques mois après ce drame, j'ai été condamnée pour « *défaut de vigilance ayant entrainé la mort sur mineur de moins de six ans* ». J'ai pris trois ans de prison dont un an ferme. Je n'ai pas voulu faire appel. Mon avocat me l'a déconseillé. Et puis, pourquoi faire appel ? Je suis la seule responsable de cet accident.

Oui, j'assume, j'ai les épaules larges.

Tous mes amis m'ont tourné le dos. Ma mère ne veut plus m'adresser la parole. Dayé non plus. Je sais qu'il a refait sa vie. Je suis triste mais je ne lui en veux pas. Mon rêve de villa au Sénégal s'est depuis envolé, disparu dans un épais brouillard de tristesse.

Même si j'ai tout perdu ce soir-là, mon fils, mon homme, ma mère, j'ai tout de même été guérie de mon addiction.

Mes abonnés ne m'ont jamais pardonnée d'avoir laissé mon fils mourir ainsi. Car forcément, ils l'ont su. Sur internet, tout se sait…

Chaque fois que je pense à Alhassane, que je revois sa petite bouille d'ange, j'ai envie de me donner la mort. Dans notre religion, le suicide est un immense pêché. Alors je ne le ferai pas. J'ai bien trop peur du châtiment de Dieu, plus encore que de la mort elle-même. Seule ma Foi me retient.

Ce qui me réconforte, c'est de savoir que malgré tout cela, je suis restée plus de trois mois dans les tops tendances sur les réseaux… Un bad buzz[48] reste un buzz tout de même. Les insultes pleuvaient. Elles pleuvaient à torrent mais tout le monde parlait de moi.

Mon nom était cité à chaque fois.

Instagram, qui jadis me soutenait, avait rapidement retourné sa veste, me livrant ainsi en pâture aux vautours.

*#BINTACHIENN #TUEUSEDENFANT #salep\*\*\**

*« J'espère que tu iras brûler en enfer »*

*« Elle mérite la peine de mort cette folle ! »*

On a même écrit plusieurs articles sur mon histoire.

Parmi les dizaines, mon titre préféré c'est celui-ci :

*« Binta Life, ou la dérive des réseaux sociaux. »*

---

[48] Phénomène de « bouche à oreille » négatif qui se déroule et s'amplifie sur Internet

C'est de loin l'article le plus respectueux. Bien qu'il stipule que je sois fautive, il est également notifié noir sur blanc que je possède notamment des circonstances atténuantes.

Je suis assez d'accord avec la vision de cette journaliste. Je lui ai adressé un courrier du fond de ma cellule, afin de la remercier.

Certes je suis passée de l'autre côté du miroir, mais après tout, j'ai tout de même été quelqu'un, au moins une fois dans ma vie. J'ai été importante aux yeux d'un million de personnes.

Un million d'abonnés, ce n'est pas rien. N'est-ce pas ?

En plus, depuis que je suis sortie de prison, j'ai créé un nouveau compte… J'y parle de mon expérience derrière les barreaux, de mes peurs, de mes peines, de mes instants de joie également. Je n'ai pas encore beaucoup de followers, mais je sens que cela ne devrait tarder…

Si tu me soutiens, s'il te plaît, clique sur j'aime, et abonne-toi.

*Binta Life* est de retour sur la toile.

*Petit message à l'attention des lecteurs et lectrices :*

Tout d'abord, je vous remercie infiniment d'avoir lu mon ouvrage et d'être allé jusqu'au bout…

Il ne suffit pas juste d'écrire, il faut avant tout que nos écrits plaisent… Là se trouve toute la difficulté du défi…

Pour ceux et celles qui parmi vous possèdent un compte *Babelio, Amazon, Google Books, Booknode* ou toute autre plateforme littéraire numérique, vous pouvez d'ores et déjà noter cet ouvrage et pourquoi pas rédiger un commentaire franc et sincère le concernant, si vous le désirez bien entendu.

En réalisant ce geste, cela permettra à mes écrits de voyager et ainsi d'acquérir un peu plus de visibilité.

Merci d'avance.

Julien Lenoir

*Pour toutes demandes de projet, interventions en milieu scolaire, ateliers d'écritures ou autres, me contacter directement via ce mail :*

*julienlenoirauteur@gmail.com*